古代文房用具收藏入门

不可不知的金律

山东美术出版社

阎篆业 著

图书在版编目（CIP）数据

古代文房用具收藏入门不可不知的金律/阎篡业著.
—济南：山东美术出版社，2011.7
ISBN 978-7-5330-3456-6

I. ①古… II. ①阎… III. ①文化用品—收藏—中国
—古代 IV. ①G894

中国版本图书馆CIP数据核字（2011）第104535号

策　　划：王　恺　王　宏
责任编辑：沈　健
封面设计：张萌萌
版式设计：金迪云

主管部门：山东出版集团
出版发行：山东美术出版社
　　　　　济南市胜利大街39号（邮编：250001）
　　　　　http://www.sdmspub.com
　　　　　E-mail:sdmscbs@163.com
　　　　　电话：(0531)82098268　传真：(0531)82066185
　　　　　山东美术出版社发行部
　　　　　济南市胜利大街39号（邮编：250001）
　　　　　电话：(0531)86193019　86193028
印　　刷：杭州钱江彩色印务有限公司
开　　本：889×1194毫米　32开　6印张
版　　次：2011年7月第1版　2011年7月第1次印刷
定　　价：48.00元

自 序

　　对于文房用具的收藏，早在明清时期就已经开始了。不过直到20世纪的中期，也就是民国的晚期，这个门类的收藏都只能算是小玩意儿的率意所为，不能成为一个纯粹的收藏项目。因为收藏家所看重的，依然是明清时期官窑青花的笔筒、和田白玉的笔洗、象牙的臂搁等制作材料和制作时间所带来的收藏价值。文房用具除了笔、墨、纸、砚外，每种藏品都能归属到与之相同的瓷、玉、杂大类之中，所以大宗的、具有高端收藏价值的文房用具的交易价格形成，并不是缘于其实用功能的本身所带来的人文价值，尽管人文价值在交易中会对交易价位的拉升起到一定的附加作用。从这个意义上看，真正的文房用具的收藏，应该体现在对笔、墨、纸、砚的收集与鉴别之上。

　　如果我们认为对古玩的投资行为不属于收藏的话，那么作为一般资金水平的收藏，基本上没有办法直面一件真正的清三代的笔筒、或者一尊宋代钧窑笔洗，甚至一件光绪时期的官窑水呈，现在也已经到了炙手可热的价位之上。因此我不建议想在文房用具收藏上幻想能走得更远的朋友在这上面砸钱。

　　毋庸讳言，文房的收藏与瓷玉等大项相比，仍属小道，除了砚台以外，其他都是消耗品，而且是不可再生的。譬如老的宣纸，用一尺，这个世上就少一尺，随着仿造古代书画的如日中天，老宣纸、古墨的交易价格已经达到了一日三涨的地步，像这样大规模地消耗，不用很长的时间，古墨旧纸的珍贵程度，一定要超过清三代官窑瓷器，因为"官窑"瓷器的数量现在与年俱增，而古墨旧纸的存世量在重金求购的高价位运行中迅速下降，这就是文房收藏前瞻中的潜行价值所在。

与古玩的其他门类相比，笔、墨、纸、砚的赝品相对少些，端砚的赝品现在多用攀枝花的紫石冒充，这是最直接的造假；其余赝品的制造成本都很高，或者造假的技术难度很大，譬如旧宣纸，造假的手段与造假画的方法差不多，用各种带有颜色的水罩染，现在精仿旧画的人早已经不用这种手段，而改用真的旧宣纸了，仿旧的宣纸基本上没有了交易。旧墨也是这样，精仿古画的人需要真的古墨，而对于古墨的收藏者来说，古墨真伪的辨别并不是十分复杂，而由于仿造古墨的技术不普及，所以要想达到"假像真"的水平，也要有相当的材料与技术的投资。在目前收藏的这种大环境下，以笔、墨、纸、砚作为主要的收藏目标，无疑之比较客观而可行的选择。

只要想涉足收藏，不管染指哪个门类，掌握一些相关的基本知识是必须具有的素质。收藏大项如瓷器、玉器的各种基本知识的书籍较多，而专门谈文房用品的相对较少。本书所介绍的，均是一些文房收藏最基础、而且自认为也是最重要的一些基本问题，书中的文字都是我半个世纪收藏的心得，希望能对读者有所帮助。

阎篆业于明砚斋
2010年4月

目 录

笔的收藏就是笔杆的收藏

　　"笔"有两个概念：在实用中，"笔"是指一种书写工具，主要的功能表现在笔头之上，所说的"好笔"基本上都是指笔头的好用而言，而买名牌笔庄的各种毛笔，也都是看中了笔头的质量。这是对于毛笔的使用而言；收藏概念中的"笔"，笔头的优劣并不重要，主要是笔杆的材质与制作质量，如果说在前一个概念中，笔头、笔杆缺少哪一部分都不能称之为"笔"的话，那么在收藏概念下，即使没有笔头，仍然可以视为笔的收藏品，这就是"笔"在不同概念下的不同含义。

　　从出土器上看，汉代就有毛笔出土，在安徽也出土了不少宋代的毛笔，但这些古代毛笔都不是一般意义上的收藏品，原因在于：

　　1.在正常的收藏环境下，不可能有大量年份很高的毛笔出现，出土品的数量极其罕见，不具备能够满足收藏需求的存世数量。

　　2.不排除个别生坑出土的宋代以前的毛笔，这些毛笔出土后没有经过必要的脱水等技术处理，很容易碳化，依靠个人力量基本上不能有效地保存。

　　3.宋以前的毛笔笔杆基本上都是竹、木所制，制作简单，没有明清以后那样的装饰，除了具有文物价值外，基本上没有收藏品的那种美感。

　　4.由于存世的数量太少，缺少必要的标准器作为参照，不能提供有关鉴定与断代方面的信息。

　　综上所述，笔的收藏不在于制作年份的久远，也不在"物以稀为贵"的恒律制约之中，存世量少、年份高，对于收藏行为来说，未必是高价值的要素，这是必须明白的道理。

笔的收藏，其实就是笔杆的收藏。笔杆的制作材质种类很多，譬如有瓷质青花笔杆、和田玉笔杆、象牙笔杆、罗汉竹笔杆等，收藏价值都分散在所属材质的范围内估算，如果是清代康熙时期生产的青花笔杆，就按照清代康熙青花瓷的价值估算，位置多在琢器与圆器之间，有没有笔头与价格的形成没有太大的关系。

明崇祯 青花罗汉提斗笔

普通的老毛笔也能收藏

上面讲的笔杆不是具有实用性的普通竹质毛笔笔杆，专指以另类贵重材质为笔杆的毛笔，笔杆材质的收藏价值就是"笔"的收藏价值。如果是一支普通实用的竹杆毛笔，要想成为收藏品，就需要满足很苛刻的条件：

1.必须具有一定的年份，现在应该以明清时期的为最好，明以前的制作年份不好确定，民国时期的也可以，但存世量稍多，制作也不如明清精致。

2.笔头必须是原装而不是后配，同时笔头使用不过分，仍保持尖、齐、圆、健的基本特性，如果使用锋毫全无的秃笔，就失去了重要的收藏意义。

3.笔杆品相的优劣，包括笔杆的新旧程度，根部是否开裂，笔杆是否直而不弯。

4.制笔笔庄名气的大小，也是决定普通毛笔收藏价值的重要因素，这与墨锭的收藏基本相同。即使是民国时期的毛笔，想完全满足上面的这几点基本要求也很困难，毛笔的收藏价值也多是围绕着这些条件生成的，有一个条件不能满足，就要减掉一分，如果都不能满足，那么这支笔就没有成为收藏品的资格。

现在的交易市场上时常可见一些很平常的秃笔退毫，除非可以证明是明清时期的制品，有一定的收藏样品作用，一般晚清民国乃至近50年左右的退毫毛笔，不建议收藏，因为真的没有什么用处。

现代 天津20世纪70年代生产的长城牌毛笔

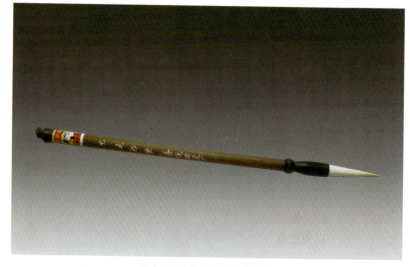

现代 湖州善琏湖双羊牌毛笔

收藏不同材质的笔杆

　　笔杆的收藏就文房用具来说，有点跑题。因为收藏的重点并不是常见的竹质笔管，而是瓷、玉、牛角、象牙、紫檀木等其他非常用材质，这些材质具有本身相对独立的特定价值，与是否具有笔杆的功用表现无关。由于清代是工艺制作的鼎盛时期，所以材质、做工具精的笔杆基本上都出现在清代，文房中的"笔"主要是指这类具有精美工艺艺术的，同时又是以非普通竹质为材料制成的笔杆（当然，竹质笔杆也有很高级的，譬如湘妃竹、罗汉竹等，清代的这几种竹笔杆同样是很具收藏价值的藏品）。以这类珍贵材料为笔杆的毛笔，制作的初衷其实不是为了实用，在真正的使用中也并不比竹笔杆舒服，目的在于为书房主人增加一件可人的尤物。由此看来，笔的收藏重点在于清代，而不在民国。

　　在笔杆的实际收藏操作中，要注意这样几点：

　　1.材质的鉴定特征不能忽略。因为笔杆的材质比较复杂，鉴定特征相对复杂，所以对于不熟悉的材质笔杆，一定不要轻易交易。

　　2.笔杆保存质量的标准的衡定。笔杆作为非实用的文房用具，在过去的年代中受到了很长时间的冷遇，缺少必要的保管，所以大部分藏品上带有程度不同的品相瑕疵，这就要看收藏者对此的宽容程度，有的人财力雄厚，优劣通吃；有的人追求完美，百里选一。不管收藏者所认定的标准是什么，都要将这种标准坚持下去，标准不同、投资不同，所得到的藏品也就不同。

　　3.对于笔杆尽量保持原有的状态，少做或不做具有危险动作的清理整饬工作，以免使藏品受到不必要的外力伤害。

明万历　竹雕花卉笔杆及刻款

清中期 白玉雕龙笔杆

宋代及其以前的墨锭不建议收藏

古墨的广义概念是指民国以前所有通过砚台或砚板的研制加工而得到墨汁的墨锭，这里包括汉代出土的丸形墨锭，汉代及其以前的墨不都是用于书写，也有黛眉的化妆功用。如果从收藏的意义上来规定古墨，一般是指从宋代到清代（也可以下延到民国）制作的用于书画的墨锭。在发掘的出土器中，汉代的丸形墨锭偶有所见，尽管这种墨锭的传世数量很少，在收藏中可以聊备一格，但是基本上没有人做重点收藏，也不具备标准的市场收藏价格，所以不在讨论的范围之内。说实话，宋代的墨锭我也只见过照片，没有见过实物。据老一代著名鉴定家石古风先生讲，宋代出土的墨锭绝大部分已经失胶，散裂成小块，多不能用；也没有人舍得尝试着用一次。所以我以为，宋代古墨不在我们一般收藏者的收藏范围之内，原因在于：

1.宋代墨锭的标准器很少，到现在为止，很少听到谁能藏有一锭宋代的古墨真品，所谓"真品"，是指经过专家一致鉴定为真，而且是流传有绪的藏品。没有这样的标准器作为技术支持，一般水平的收藏者很难收藏到一块没有争议的宋代墨锭。

2.同样由于不具备标准器所提供的对比标准，即使见到了真的宋代墨锭也不认识，因为我们没有零距离见过真的（不排除在博物馆中见到展品），意识中没有真品宋代古墨的具象概念，失之交臂也是情理之中的事。

3.还是由于标准器的不普及，宋代的古墨存世量又极其罕见，导致绝大多数人不能辨别真伪，不敢贸然出资收藏，很难形成一个比较有潜力的投资与收藏的双轨道市场。

有鉴于此，不建议收藏者收藏宋代的古墨。

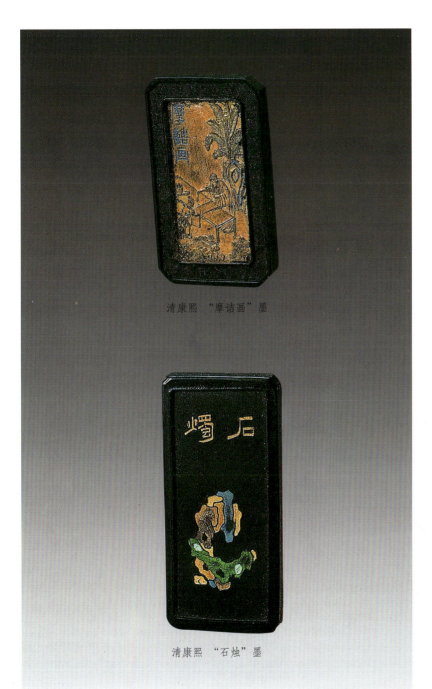

清康熙 "摩诘画"墨

清康熙 "石烛"墨

明代古墨的简单鉴定方法

古代文房用具收藏入门不可不知的金律

　　文房讲究"湖笔徽墨"，其中的"徽墨"就是指安徽境内出产的墨。"徽墨"真正形成地域"旗帜"产品的时间应该是在明代。一方墨锭的质量优劣，不同的人有不同的标准：对于收藏者来说，在保真的前提下，品相越好，收藏价值也就越高；而对于书画家来说，只要符合了色泽纯正、色阶丰富、含胶适中的就是好墨，至于品相如何，与使用效果无关。对于明代的古墨来说，现在几乎没有人会奢侈到使用明墨书画，所以上面所讲的两种价值现在只剩下了收藏这一种。如果省去了明代古墨使用效果等纸上谈兵的人云亦云，明代古墨的收藏其实只有三个方面是最基本的：一是真伪，二是造型，三是款识。关于真伪，是收藏古墨最实质、最不好解决的一道难题。一块数百年前制造的古墨外表一定不会像新墨一样乌金熠熠，但又绝对不会像小摊

明　"苍龙液"墨

上的赝品那样灰头土脸。墨锭外面的包浆比较薄，如果保存特好的，还能达到介于有与没有之间。传世古墨的包浆与一般古玩包浆的明显区别在于包浆的厚度，譬如明代传世的瓷器，上面的包浆一定肥厚，那是由于长期暴露于空气之中，而形成的表面氧化，时间越长，氧化层越厚。现在仿明代的瓷器都要将表面的光泽处理成有一定厚度的包浆覆盖的效果；而使用和保存墨锭的人都知道，墨锭的保存需要在相对密封的环境下进行，不能长时间地裸露在空气之中，尤其怕潮湿和春秋风，受到潮湿的墨会生霉，见风的墨锭会皲裂，甚至炸裂成碎块。墨锭的这种特性，决定了只要是能完好地保存到今天的古墨，就一定没有长时间的"暴露史"，也就没有厚厚的包浆。这就为古墨的造假带来了很大的技术困难，在没有厚厚的包浆的掩护下，古今墨锭质地的不同很容易表现出来。收藏者就是要利用明代古墨的包浆效果达到鉴别真伪的目的。鉴别明代古墨锭的真伪还有其他的方法，譬如

明 "苍龙液"墨描金与包浆

观察描金文字的颜色、墨模的清晰程度、质地的颜色硬度、墨锭的造型特征等，只是这些都比较复杂，需要有对大量标准器的阅读感性认识作为支持。如果说观察包浆的主要功能在于新旧的辨伪，那么对金色、墨模、质地、造型等方面的观察结果在于断代，因为在民国或更早的时候，有不少明代古墨是用清墨改制而成的。

　　与宋代墨锭相比较，明代古墨还可一见，如果从古墨收藏品的总

体比例来看，明代的古墨属于罕见品，交易价位也很高，作为收藏古墨的入门知识，对宋代及其以前的古墨可以暂时置之不问，而对明代古墨，尽管收藏的概率很低，还是要有比较清晰的了解，因为这是收藏清代古墨的基础。

明 "苍龙液" 墨漆衣的裂墨

油烟墨和松烟墨

古代墨的分类从制作材料上分，可以分为两种：

1.松烟墨。松烟墨就是以松木燃烧时产生的烟为主要颜料制成的墨。这种墨的使用特点是墨迹表面没有光泽，深沉而简淡。由于松烟墨没有表面的光亮，所以比较适于山水画，可以分出比较丰富的层次，国画大师黄宾虹先生一生偏爱使用清代松烟，走到哪里都自备一块上等的清代松烟墨块。

在甄别真伪松烟古墨时要注意，真品的色泽黑而深沉，质地细腻，羼胶较少，又称"胶轻"，所以手感稍轻。赝品的黑色多发灰，胶重，手感偏沉。

清 松烟墨画

2.油烟墨。如果在烟中羼有动植物的油脂，那么制成的墨就是"油烟墨"。油烟墨的使用特点是墨迹乌黑光亮，可以提高书画作品的神气，尤其清代，有关喜寿内容的书法都是在光滑的蜡笺纸上，用上好的油烟墨书写成中堂、对子，极其漂亮堂皇，清代皇帝书法作品基本上都是这种形式。

宋代及其以前的墨锭，基本上都是松烟，进入明代后，油烟的制作技术发展很快，迅速占领了市场份额，成为书画用墨的主要品类之一。

由于油烟墨中含有油脂，所以墨锭应该呈黑中透着光亮，有些近乎于块状沥青，如果能在黑种泛出紫色光泽，那一定是上等的油烟古墨；如果纯黑，没有任何杂色羼杂，也应该属于好墨，但如果泛白光或其他颜色，就属于劣墨或赝品。油烟墨的胶比松烟要重，所以手感稍沉。

从历史的沿革上看，油烟墨的价格始终要高于松烟墨的价格，这与使用特点没有关系，可能与原始的成本造价有关，对于极具价值的明代程、鲁古墨或清代御墨、贡墨来说，由于过于稀少罕见，所以油烟、松烟的价格区别不大；如果收藏晚清民国时期的老墨，就应该将松烟与油烟的价格有所区分，不能笼统地讲成一个价。

清 乾隆油烟墨书法及局部

一簾花淂月精神
數笏石留山意思

清 雍正油烟墨对联

古墨收藏的基本分类

　　松烟、油烟的分类是按照制墨的材料来分的，如果按照墨的用途，又可以简单地分为这样几类：

　　1.御制墨。御制墨就是宫廷专门给皇帝定制的墨，有不少墨模的造型设计题识都是皇帝亲为，制作极其精细。这类墨的主要鉴定标志就是墨身带有御制款识，是传世古墨中最为重要的，而且是收藏价值与交易价值最高的藏品，历代古墨收藏者无不对此倾尽全力搜集，即使是一方残墨块，也是相当珍贵的藏品。御制墨在民间的稀少程度，并不比程、方传世真品的数量高，但是比之更珍贵。

清乾隆 "天府永藏" 御制墨

　　2.贡墨。贡墨多是产墨区域的地方官员进贡朝廷的优质墨，鉴定特征比较明显，凡是贡墨上，都有进贡官员的名字，有时还署有著名墨工的名字，以示此墨制作庄重。贡墨真正代表着时代制墨的最高水平，从使用质量上看，御制墨多不如贡墨，尽管与御制墨在材料上同样具有烟细胶轻的特点，贡墨一定是产墨区域内最顶级的高手亲制，

工艺手法、材料配比都有独秘不宣的技术含量，而御制墨则未必出自这样的高手，所以尽管御制墨的装潢比贡墨豪华漂亮，而在使用上，贡墨则更受皇帝的喜爱。

3.自制墨。在古代乃至现、当代，不少书画名家或有钱人家都有自制文房用品的习惯，他们往往会根据自己的要求，自制许多用品如文房四宝、笔筒水呈、臂阁笔架等，这些都是他们身份与社会地位的象征。自制墨就是其中的一项，这种墨有可能根据制定者的使用习惯独立配方，成墨与一般商品墨有所不同。当然，自制墨的质量未必都符合精品要求，也有比较普通的。自制墨的鉴定标志是在墨锭上自书制墨者的堂款或名号，墨面上的书画装潢一般都是制墨人亲自书画设计，风格与一般的商品墨不一样，带有比较强烈的艺术性。自制墨的收藏特点在于：

（1）制墨者多是书画名家或社会名人，墨的本身就具有一定的收藏价值。

（2）自制墨的存世数量一定少于一般商品墨，原因在于生产数量本来就不大，一方面自己不断地使用消耗，再有馈送他人也是数量的消耗，所以存世量偏少是正常的。

（3）能够传世的自制墨会随着藏品价值的出现而进入收藏领域。

清道光 青黎阁自制墨及局部

自制墨的用料一般都很讲究，质量比较复杂，一般著名书画家的自制墨质量较好，配方会有一定的特点，而其他社会名人或有钱人的

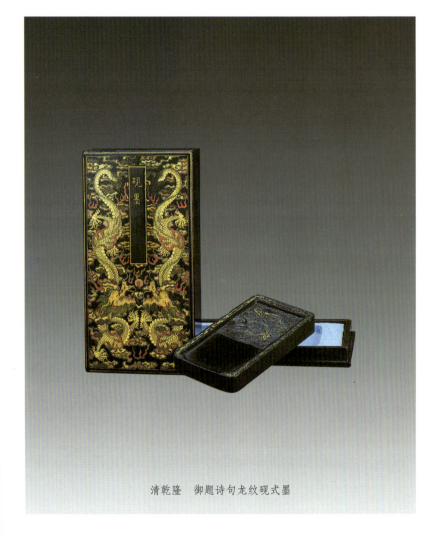

清乾隆　御题诗句龙纹砚式墨

朱砂墨

自制墨，由于制墨的主要目的不是用于使用，所以质量不一定都是上等的。自制墨无论有什么样的出身，都因其存世量少而成为比较重要的古墨藏品。自制墨的出身与墨锭的收藏价值很有关系，出身名人譬如金农、刘墉，收藏价值就会很高，出身一般小名头的价位就相差较远了，适合于一般古墨收藏者的收藏。

4.珍玩墨。珍玩墨属于高级商品墨的一种，这种墨不是用来研磨使用的，质地不一定很好，但是外造型设计很精彩，可以设计出各种各样的精巧造型，有套装，也有单装，从装潢上看，珍玩墨的外罩墨衣漆黑光亮，上面有各种鲜艳的矿石颜色作为图案装饰，多以描金为主要色彩，产生着富丽堂皇的视觉享受，适合于文人的保存或相互间的馈赠。珍玩墨对墨模的要求很严格，表面的纹饰线条讲究细挺而精神，不能有丝毫的模糊不清。

珍玩墨的最直观的特征就是造型不像传统的柱形或长方形墨锭，现在在收藏品市场中时有所见，但是赝品很多，需要注意。

清 五老图珍玩墨

5.礼品墨。礼品墨无论在装潢或是在材质制作上，都明显逊于珍玩墨，基本上与珍玩墨不在一个等级上。多用于社会生活水平一般的文人间的相互往来礼品，譬如祝寿礼品、谢师礼品，或者学童准备科考前的祝愿礼等。礼品墨多装在一个像手卷一样的装饰物中，墨锭本身质量偏下，黑中泛灰；装潢水平较差。在礼品墨上，多标有胡开文的名号，更多是民国时期的老赝品，在收藏时应注意辨别，不应有太高的价格。

清　胡开文礼品墨

6.商品墨。商品墨是清代、民国时期在"南纸局"（譬如现在的荣宝斋等专售文房用具的商店）买的一般墨锭，质量差别很大，好墨价钱很高，装潢讲究，是真正安徽制造。现在更为常见的古墨、老墨藏品都是商品墨，这类商品墨的收藏一定要注意这样几点：

（1）是松烟还是油烟。

（2）墨锭本身的黑色纯度。

（3）好墨的刃部应该锋利，劣墨的刃部圆滑。

（4）.纹饰线条的清晰度，越清晰越好；相反如果模糊，可能是墨的质量不好，或者墨模不好，都不算好的藏品。

（5）表面装潢的金色及其他颜色的保存状况，如果都已经斑驳了，说明品相不好。

（6）完整程度，古墨收藏与瓷器的收藏相近似，墨锭身上的任何一点磕碰和炸裂璺，都会影响到藏品的品相评价，所以这是很重要的一点。

7.特种墨。特种墨是指利用墨的概念造型，在作用上另有他用的"墨"，常见的有两种：

（1）彩色墨。彩色墨的制造是为了节省画家研磨矿石颜料的时间与精力，一般以五种颜色为基本颜色，即朱砂色、石黄色、石青色、石绿色和铅白色。这种彩墨出现伊始，立刻得到了画家的广泛认可。彩色墨始终是古墨收藏者收藏的重点，一整套年份好、保存好的清代彩色墨，极其珍贵，往往终生不可求得。

清 曹素功朱砂墨

（2）药墨。在墨的原料中掺有一定的名贵中药成分，使墨具有一定的药用价值，比如可以治疗小儿的惊厥、咳血症等。

清 同仁堂药墨

8.学生墨。学生墨是一种很廉价的墨锭，主要的使用者是儿童，常见的就是"金不换"、"万年枝"等墨锭。由于学生墨在任何时期

都是廉价的，所以一块清代的"金不换"、"万年枝"能保存到现在，也是很不容易，这有点像"文革"中的邮票，正是因为当初忒不值钱，所以劫后余生的孑遗很难找到，这也是学生墨自有其收藏价值的地方。

现在"金不换"、"万年枝"有大量的赝品充斥，鉴定的基本标准与商品墨相同。收藏一锭真的学生墨的技术难度其实并不亚于一锭商品墨，而存世量未必就大于商品墨，这是收藏者应该尤其注意的。

清 万年枝墨锭

古墨的存世量很少

古墨的收藏，不要说是宋代、明代的传世墨锭，就是清代的老墨，乃至民国时期的精品墨，现在也已经少见了，因为墨锭属于一种文房中的消费品，正常情况下，人们买来就是为了使用的，只有偶然遇到非常心仪的好墨，才舍不得使用而加以保存，或者文房中储藏的墨比较多，无意识地成为了后代的收藏品。

民国时期的大收藏家赵汝珍先生在《古玩指南·古墨》中讲到了在他生活的民国时期，清代制墨的存世状况：

> 盖自南唐奚超迁歙以后，全国制墨事业率以此地为大本营，迄今已千数百年，从事墨业者占大多数。民国后，均已相率改行矣。是来源从此告竭。而北京市上所存，亦为数有限，转瞬即将绝迹。非特明末、清初之物不可求，即清末出品，亦必视同拱璧矣。

可见，即使在去清不远的民国时期，清代的古墨已经珍同拱璧，经历了20世纪的丙丁浩劫，古墨的实际存世量其实已经微乎其微，现在在一些大型拍卖会上，不断有古墨现身，而且有着很高的交易价格，这只是拍卖行为导致的富集现象，并不能说明古墨在民间随处可见。相反，我在不少旧货摊上见到的旧墨，真品几乎都不具有收藏品相；而品相较好的，基本上都是赝品。

一般古墨的收藏者最好不要奢望着能凭借运气收到成套的古墨，可以先把眼光放在零散的古墨墨锭上，即使是民国时期的老墨锭，能够收藏若干块品相完好的，已属不易，这是对收藏古墨者的忠告。

清乾隆 玉兔御制墨

古墨的简单断代方法

　　古墨的收藏，多是从明代开始，大的古墨收藏家的收藏范围只限于明、清墨中的名家名品，一般的清墨或民国墨基本上不收。而作为普通收藏者来说，重点可能正是那些为大家所不屑的零星散墨。这些散墨的制作时代复杂，多是清代与民国时期的产品，断代特征往往要复杂于高端的藏品，原因在于高端的古墨用料清代明显优于民国，而且内外装潢都比民国考究，因此构成了形式上的区别，可以间接为古墨的断代提供依据。而零星散墨主要是以商品墨为常见，间有一些失群的套墨，分类、年代比较混乱。因此，散墨的断代要比高端墨复杂得多，作为收藏者，应该多少懂得一些起码的断代方法。

　　古墨的断代其实并不复杂，"多见真品"尽管是一句老生常谈，但却是各种收藏行为共同需要遵守的准则。除此之外，还可以从下面几个方面进行观察：

　　一是从断口上观察。清代制墨的表面光亮平润，有很强烈的密度感，断处的口刃锋利；清代以后的墨表面观感比较松软而灰暗，完全没有那种坚挺的感觉，刃口圆滑无锋。

清 曹素功油烟墨刃口　　　清 胡开文松烟墨刃口　　　现代 松烟墨刃口

　　二是从墨的整体上看。清代制墨的观感是致密坚挺，光彩外溢，即使外面罩有一层包浆，有经验的收藏者也能感悟到其中特有的品质；而清代以后的墨在表面上显现的是灰暗，没有神采，即使包浆不厚重，仍然看不出墨本身所焕发出的精神。

三是从纹饰上看。由于清代制墨质地致密，所以不仅断口表现锋利，反映在纹饰上，线条可以模制得细若游丝，极有力度表现，与清代玉器线的质感相似，这种线条的形成是以材料质量特征为前提的；清代以后的制墨材料发生了变化，由于不能保证清代致密材料的延续，所以导致模制线条的变粗，绵软乏力。

清乾隆 御制墨及局部

辨识古墨的一些常识

现在旧墨的收藏很是热闹，在大小古玩店、地摊上，经常能见到黑乎乎的"旧墨"，这里面有陷阱，但是也有"漏"。因为真正懂墨的人毕竟不多，能够亲手把玩过古墨的人更是屈指可数，所以古墨的收藏与其他古玩的收藏大有不尽相同之处。当今古墨赝品制造者不会像制造瓷器仿品那样投入巨大的资金成本，所以只要有机会上手观察古墨，尤其是残墨，辨识赝品并不是太复杂的事情。比较棘手的倒是民国时期仿明、清的名家制墨，由于包浆基本相同，制作差距不太明显，往往对于今天的收藏者具有较大的欺骗力。

清乾隆 "七香图"御制墨

辨识古墨需要从这几方面入手：

1.要有判断墨锭重量的能力，同样大小的两块墨锭，因为油烟中含有油脂，所以一定要重于松烟；而新墨的较重，古墨在长时间的保存中失胶，所以新墨重于古墨。这种轻重的感觉往往很微妙，不能量

化。而同一年份的墨锭，由于字号不同，含胶的轻重也不同，所以重量对于鉴定古墨来说，只能是一种相对的参考，而对重量的感觉也是因人而异，不能以此作为重要的依据。

2. 真品古墨的表面细腻而光滑，没有鬃眼，颜色乌亮而不浮躁，这种乌亮缘于墨质本身的密度，而不是在墨锭表面的后期的制作，后世的仿品由于材料的不同，不可能制成这种表面的光亮效果，多见乌而不亮或亮而不乌。关于密度，我们通过观察清代古墨的断面可见是呈贝壳状，有些像厚玻璃的碰碹断面，闪有硬亮光，又像冬天的固体沥青，特征很明显，仿品完全做不到这种水平。

清乾隆 御制墨棱角与表面

3. 根据墨锭的纹饰质量判断早晚。一件制墨的墨模要使用几十年或上百年，现在的制墨有的还在使用清代的墨模，这就为我们判断墨的制作时代提供了重要依据：在同一墨模的前提下，墨锭表面的线条越清晰、深刻，制作的时间越早；相反，尽管墨锭的制作模具完全相同，如果线条模糊不清，就说明了模具在长期的使用中出现了不同程度的磨损，导致墨锭线条的间断模糊以及出现钝口，俗称"老模新墨"，这种墨的制作年代无疑要晚。

如果发现墨锭上的装饰纹线条细而清晰，同时对墨面的光泽有怀疑，就要找原拓的墨谱仔细对照，这种古墨多是精仿的赝品，而且多是珍玩墨或贡墨等高端藏品。注意，一定要找到原拓的墨谱，只有原拓才能从大小、比例关系中提供鉴定依据。

4. 还要注意对墨锭表面裂璺的观察。由于制墨的主要原料之一是动物质胶，所以在长时间的存放过程中，都会出现程度不同的表皮裂墨，比较严重的裂璺深入墨体，进而导致墨锭的断裂。所以，观察古墨表面的裂璺，也能对制作时间的判断有一定的辅助作用。真古墨的裂璺特征是在胶质应力的作用下平面自然坼裂，裂璺的缝隙均匀，宽度变化不大；赝品含胶高于真品，在人工的干预下裂璺变化大而没有规则，能明显看出胶性。

清代墨的裂璺

明清时期的名墨，有时在墨锭的外面罩有一层黑漆，俗称"漆衣"，据说盛行于明代的万历年间，也就是程、方制墨的鼎盛时期，至清代一直延续这种工艺。由于年代久远，漆衣会产生表面细小的裂璺，横向展开，俗称"蛇皮纹"。真品的蛇皮纹只裂不断；仿品的漆衣要么没有蛇皮纹，或者既裂又断，在漆衣的下面，真品可见质地细腻、黑色纯正的墨锭，而仿品的质地则多是黑灰色，这在一锭古墨的边角磕碰处可以发现。

清乾隆 御制墨漆衣

墨模的讲究

  在收藏的品类中，有一些藏品与生产的模具有关，比较明显的譬如有铜镜、钱币（铜质或青铜质）。就以铜镜来说，同一时代、同一大小纹饰、模次的不同，收藏价值与交易价格也会相差悬殊，我们称镜面纹饰清晰、线条挺拔的为"初模镜"。"初模镜"标志着浇铸时间早、纹饰线条的质量好，是收藏者最想要得到的。当一只模具反复多次使用后，上面雕刻的阴阳线条就会出现不同程度的磨损，用这种模具浇铸出来的铜镜，阳线粗而绵软，不挺拔，阴线变窄，从而改变了原来设计上的用线结构。

东汉　羽人铜镜

汉　四乳铜镜

不仅是铜镜，青铜钱币也是如此，譬如王莽时期的"货布"，两个字都有悬针垂竖，"初模"的铸币线条很细且尖，就像一根钢针一样，而模次靠后的真品与现在用真品翻铸的赝品，线条就变得稍粗，没有"头模"的那种精神。这里的"精神"不是抽象的描写，而是一种谁都能一看就知道的感觉。在收藏品中，模具的重要性直接作用于藏品的价值。

新莽 货布（初模）　　　　　新莽 货布（非初模）

墨锭虽然不是青铜质，但是它的成型同样是靠模具来完成的，所以墨模对于墨锭的重要意义，完全等同于模具之于铜镜、铸币。

古墨的墨模是由天、地、正、背、左、右六块组成。一般正、背的图案是固定不动的，侧面多刻有制作年号、款识，随时代而更换。收藏品讲究模大墨精，越是大模，雕模的费用越高，制造的墨锭也就越精致，价钱也就越高。墨模一般有木质与铜质两种，木质墨模的制作成本低，多见于比较小型的墨作坊，一般的木质墨模经过一段时间的反复使用，就会出现明显的磨损，多见于比较低档的商品墨和学生墨，如"金不换"等，如果实在模糊不清了，就要修模，修模后的墨锭文饰与"初模"大有区别，"初模"中的一些细小设计修模后都不见了，这是辨识特征之一；铜质墨模的制作成本高，耐用，只有比较大的制墨商才会使用。高档的商品墨与珍玩墨一般都是铜质墨模，所以我们见到清代高档的墨锭，上面的纹饰线条都很清晰，不模糊。铜质墨模给收藏断代所带来的是一种制作时代的不确定性，铜墨模不易

清乾隆 御制墨　　清 胡开文松烟残墨

磨损，所以后世只要能得到这个墨模，就可以做出与前朝纹饰基本相同的墨锭，如果仅以纹饰的线条清晰度为标准，那么就有可能将新墨错误地判断成旧墨。请注意，上面我用了"基本相同"这样的描述，是说尽管墨模相同，如果墨锭的品质，譬如烟料颗粒的粗细、含胶量的大小等其他材质不同，那么对墨锭纹饰的最后形成都有程度不同的影响，不会与古墨完全相同。

　　有的书在介绍明清墨模的区别时，将明代归为"字体刚劲有力"，而认为清代"精细秀润"，我以为这样的笼统评介文字，对读者辨识能力的提高没有太大的作用。凡是看起来鉴定特征很简单的收藏品，其实是最难掌握的，一本黑白两色的古代拓本，比书画更难鉴定。古墨的鉴定断代，我的意思是从民国的老墨入手，循序渐进地上探清代古墨，最后达到某种个人的收藏目的。最好不要直接上手明清高端古墨，以免上当。

明末 大国香墨

明代重要的制墨名家

收藏界对于明代古墨的收藏兴趣，主要来自于对几位制墨名家传世作品的价值崇拜，这一点至少从明末清初就开始了。明末清初的画坛巨擘董其昌曾经是这样评价明代制墨名家程君房的：

百年之后，无君房而有君房之墨；千年之后，无君房之墨，而有君房之名。

董其昌的预言得到了真实的验证，现在的古墨收藏者，有谁不知道明代的制墨名家程君房，又有多少人能有幸珍藏程氏的传世作品。虽然初涉文房收藏的朋友最好不要将收藏明代古墨作为获取的对象，但是，古墨的收藏离不开对明代传世品的研究，尤其是制墨的名家与名品。

明代的制墨名家很多，可以有很多的资料可以查到。这里只介绍几位重要的名家：

程君房 字幼博，号筱野。主要生活在明代的万历年间，安徽新安人。著有徽墨专著《程氏墨苑》。程君房制墨一般通体罩有漆衣，书法、人物基本上都是由当时名家如丁云鹏等人执笔，墨模镌刻精细，书画纹饰描金，是歙派制墨的领军人物。

方于鲁 方于鲁是明代生活于万历年间的著名墨工，据说原来是程君房家的墨工，后来逐渐有了区别于程氏制墨的新工艺配方，形成了另一种风格特点的产品，成为明代歙派制墨的又一旗帜性人物。有《方氏墨谱》传世。方于鲁的产品主要特征是墨模雕制极其精细，墨锭的通体多髹漆，再装点其他的靓丽颜色，使整块墨锭具有富丽堂皇的观赏效果。

罗小华 名龙文，号小华，也是歙派制墨的旗帜性人物，以制作桐

油烟墨为主要产品，墨锭的特点很明显，时人称之为"坚如石，纹如犀，黑如漆"，甚至有人认为应推罗小华为明代制墨第一人，动摇了程、方的霸主位置。

上面介绍的几位都是明代制墨的重要人物，他们的传世墨锭极为罕见，即使在明末清初距他们生活相近的时代，大概有数的作品就已经成了文人的收藏品，清代以后，尤其是民国，仿制明代名人墨的赝品很多，这些赝品现在已经具备了"老相"，是现在收藏者最大的威胁。程、方二人的传世墨锭稀少，交易价格很高，不是一般收藏者所能购买的，而且辨识起来很复杂，由于名气太大，代表了有明一代的制墨精神，所以鉴定的过程常常是争论存疑的过程，收藏者不宜染指；罗小华的传世品据说只有北京故宫博物院藏有一块"一池春绿"墨比较可信，其他没有真品的可能。在收藏过程中，遇到这样的名头，根本就不要过问，只是注意观察墨锭外面的漆衣、包浆、墨霜以及装潢、墨模等表现，作为"观假知真"的一种学习方法。

明代的传世名墨有很多，大都见于书上的记载，现在的普通收藏者基本上没有见过的可能。对于普通收藏来说，这些名品与我们相距遥远，纸上谈兵的意义不大，所以在阅读某些有关明墨收藏的资料时，最好不要更多的关注。

清代重要的制墨名家

　　清代制墨水平达到了历史的另一个高峰，经典的好墨藏品存世量比较少。从整体上看，清代的制墨在质量上并没有超越明代的程、方、罗等人的旗帜水平，只不过在墨面的纹饰设计、包装装潢上更加追求完美，用现在的话说，叫做"在表面上做足了文章"。清代制墨最好的时期与瓷器、玉器的黄金时期完全相同，是在康熙、雍正、乾隆三代，主要表现在清三代制墨的选烟用胶都很讲究质量，代表了有清一代的最高水平。嘉庆、道光的制墨质量开始有所下降，以后便呈江河日下之势。尽管质量滑坡，可是毕竟用料仍然纯粹，只是由于国事凋敝，导致制墨技术与工艺的大量流失，做工不复昔日三代精微，这就是仍然好于民国制墨的根本原因。

　　清代的制墨名家主要有"徽墨四大家"：曹素功、汪近圣、汪节庵、胡开文。其中以曹素功的墨最为精美，以胡开文的墨最为普遍。"徽墨四大家"是指专业的制墨名家，"业余"制墨名家首推乾隆皇帝，这个皇帝无不喜好，瓷、玉、杂、画样样涉足，在他的风动之下，群臣影从，带动了一批当世的或后世的"业余"制墨文人如刘墉、金农、戴震、俞樾等，形成了清代的一个制墨高峰。他们的作品现在不容易再现，只是能维系并推动了有清一代的制墨水平。

清　曹素功十名士残墨及局部

清嘉庆 汪节庵仿古泉墨（捐献品 北京故宫博物院藏）

民国时期的制墨经过了晚清的没落之后，表现出了一蹶不振的制作状态，同时，由于近代西方的影响，新式书写工具的传入，毛笔已经不再是唯一的文房书写工具，"洋墨水"的出现，唤起了传统的制墨业对制墨成本的核算，外国进口的化学染料以其特有的成本低廉，彻底代替了中国传统焚木取烟的工艺，结果就是墨的制作质量严重下降。民国时书画家多搜寻清代遗留的旧墨，而不大使用当时的制品。据说黄宾虹先生终生使用清代的遗墨，走到哪里都自备墨锭，原因大概是先生的画需要在积墨中出层次，对墨的要求极高，民国墨不能满足先生作画的要求。黄宾虹先生的高足王伯敏先生曾有过关于先生用墨的记录：

　　但对墨与颜色，他是极为讲究的。他备有上好的松烟与油烟，他认为用上好的墨，"不特藉美于今，更藉传美于后。"又说："晋唐之书、宋元之画，皆传数百年，墨色如漆，神气赖此以全。若墨之下者，用浓见水则沁散洇污，岂不可惜。"1951年冬，他上北京出席全国政协会议，休息期间，北京友人请他作画，他只在画桌上看了看那锭墨，然后便从身上摸出一个小布袋，取出一块墨头和一方印章，本来给他磨好的那一池墨水，他就不去使用它，用他的墨。

可见民国时期的制墨并不见重于当时的书画家。作为现代的文房收藏，当然有条件与机遇最好收藏清代遗留的旧墨；如果退而求其次，民国时的精制墨也可以作为藏品收藏，毕竟这种文房中的消费品存世数量有限。但是，收藏民国墨一定要讲究藏品的质量。据我所知，这一时期墨锭质量的差距很大，有着很大的选择余地。

古代墨锭的实物讲解：清嘉庆 三希堂御制墨

清嘉庆 三希堂御制墨

　　这块清代嘉庆年间的墨锭是嘉庆的御制墨，是民间收藏中相当罕见的珍贵古墨藏品。通过对整体造型的观察可知，真正的御制墨在造型上的档次不高，并不比珍玩墨更豪华堂皇，反倒有一种普通商品墨的感觉，这也许体现了皇帝对实用消费品的"尚简"的一面。纵观历史，骄奢淫逸的皇帝毕竟是少数的，更多属于内简而外奢的类型，通过这块御制墨锭就可以有所了解。在收藏时，关于墨的使用质量我们无从体验，但是可以从外造型观察这样几点：

　　1.金色。这块墨属于清代中期的真品，上面"三希堂"三字的描金颜色深沉，黄中微闪红色，这是清代描金的重要特征之一，到了民国，金色的配比有所变化，颜色特征是黄中闪青。这块墨的描金由于长时间的氧化，颜色深沉，没有短时间描金的那种张扬的火气，应该仔细观察。

清嘉庆 三希堂御制墨描金字

2.墨面的云龙纹线条稍粗，浅而不利落，说明这块墨的制作不是"初模"，肯定是沿用了乾隆时的墨模。这一点很关键，一般人认为所有御制的东西都是最好的，所以御制墨的纹饰也一定是很清晰精神的"初模"。其实未必，贡墨的墨模一定是"初模"，代表了地方大员对皇帝的态度；而皇帝的自制墨，未必一定讲究。再看侧端的款识"嘉庆年制"四字，线条精细，笔画连贯，与墨面上的线条清晰程度不同，说明款识文字的雕制后于墨面纹饰，完全符合墨模的使用规律。

清嘉庆 三希堂御制墨龙纹   清嘉庆 三希堂御制墨款识

3. 这块墨的质量极好，可以从墨锭两个面的夹角所形成的刃部感觉到，刃部尖利硬实，密度很大，说明烟料颗粒的细微；同时，从墨面的颜色观察，颜色黑中微闪紫红，具备了古墨精品的颜色规定。

这方清代御制墨的美中不足，就是有坼裂的地方，这方墨对于故宫中现藏的文房来说，是很一般的东西；但是在民间收藏品中，即使品相不十分完美，也是重金难求的古墨珍品。这里只是从实战的角度讲述了观察古墨的基本方法，绝不建议收藏者在没有完全掌握收藏技巧之前，孜孜于这种高端古墨的搜集。

古代墨锭的实物讲解：清"朗轩"自制墨

清 "朗轩" 自制墨

这块墨从描金的颜色上看，与上面的那块嘉庆御制墨基本相同，金色黄中闪红，色泽沉稳，应该是清代描金的典型色，不存在民国或当代仿造的可能。如果还以上面的那块御制墨为标准器，可以看到，

三希堂描金字　　"朗轩"描金字

这块墨在质量上与御制墨存在着明显的距离：先观察两个面夹角所形成的刃口，没有尖锐挺拔的致密感觉，字口也微显圆滑，说明烟料颗

粒稍粗，导致结构疏松；再看墨面无纹的地子，稍显粗糙，这还是与烟料颗粒的稍粗有关。当然，这些都是在与御制墨相比较后得到的质量结论，我们的标准器选择的并不合适，前面讲了，御制墨与贡墨的制作质量应该是古墨中最好的，民间制墨不可能在质量上追赶或超过它们。其实这块墨的质量在普通墨中属于上等的水平，主要优点在于墨色纯净，细密的纹饰图案通过直线线条表现出来，线条清晰、深峻，没有粘连折断以及含糊不清的痕迹，说明墨模的使用时间不长。整体包浆下面，质地乌黑深沉，没有亮光，应该属于松烟墨。

墨面上有"华阳朗轩氏制"六字，说明这是一块自制墨。可能是清代的一个名人自制，保存到现在，品相完好，没有任何断裂的痕迹，属于比较好的古墨收藏品。这种墨在一般的古玩交易市场中价格不会很高，但很容易买到赝品，这是需要注意的。

清 "朗轩"自制墨纹饰　　清 "朗轩"自制墨表面裂墨

古代墨锭的实物讲解：民国 "金不换" 学生墨

清 "金不换" 学生墨

这块 "金不换" 是一块学生墨，从 "金不换" 三字的描金颜色上看，金色黄中闪青，应该属于清末或民国时期的产品。如果我们以上面的清代 "朗轩" 墨作为标准器，在比较之下可以发现，这块墨的质量明显低下，首先还是看两个平面形成夹角的刃口部，根本谈不上 "锋利" 二字，刃部所形成的线条弯曲，不见力度；再看墨面给人的感觉是囊肿，像一坨发酵的面团，由于曾经使用过而导致了墨锭下端的变形，形成了骨关节状的凸起，这是质量低劣墨锭的一种表现，而清代曹素功的 "十名士" 墨锭，同样也是有使用的痕迹，刃口仍然锋利平直，可见两种墨优劣的不同表现；再看墨面的颜色很不纯正，呈黑灰色，这些现象的根本原因在于烟料质量的低下，同时加入了一些进口的染料。当然，在任何时候，为小学童制作的墨锭都是廉价的，只是民国时期的质量更加低劣。

这种质量水平的学生墨对于一般刚入门的古墨收藏者来说，同样具有重要的标准器作用，至少可以对比出时代的描金颜色、包浆状况以及劣等墨的刃口、颜色等特征。现在这种"金不换"也有不少赝品充斥，多见于地摊，收藏时千万不要因为本身是劣等古墨而掉以轻心，不小心同样会上当受骗。

清 "金不换"学生墨局部

清 曹素功十名士残墨

旧宣纸的收藏范围

在古代文房用品中，以旧宣纸的收藏难度为最大。这里讲的"旧宣纸"，是专指未经着墨的书画用纸，如生宣纸、熟宣纸、皮纸、高丽纸、蜡笺纸、笺纸等。中国文化传承主要的媒质就是纸，当人们将价值目光投向书籍与书画时，纸，只是作为一种消耗品的形式存在，并不能因此引起历代文人和收藏者的保存兴趣。同样是文房中的消耗品，墨锭具有造型装饰的艺术存在，而纸则没有任何值得欣赏的艺术因子保留，所以，未经着墨的旧宣纸的搜集，其难度大于文房中的任何一项藏品。

生宣纸画（潘天寿先生画）　　　　熟宣纸画（于非闇先生画）

旧宣纸的收藏难度在于藏品资源的稀缺。我们知道，文房中"纸"的概念，是对用于书画、信札用纸的特指，这些成为现代收藏资源的未落墨旧宣纸，不像玉器、瓷器那样拥有者的范围很广，始终富集在文人这个特定的人群之中，没有散落社会其他领域的可能。换言之，宣纸作为文化载体与低值易耗品，只有在文人中才能体现其自身的社会价值，脱离了这个群体，不过就是一张没有任何社会价值的白纸。而一旦"文人"这个社会职业的家庭传承链条中断，那么，原来的文房用具储备就会遭到破坏，最不会受到重视与保护的，首当其冲的就是旧宣纸。到现在还有相当数量的人不明白，名人字画值钱可以理解，未着点墨的旧宣纸也值钱，有些不可思议。这就是今天收藏旧宣纸的藏品数量关。

当收藏从有钱有闲的爱好发展成为一种投资的时候，很多原来不为人所关注的藏品的隐性价值就会凸现出来，旧宣纸的表现最为突出，不同的人，对于旧纸的态度截然不同：收藏者想得到一张古代的宣纸作为稀见的藏品而束之高阁；书画家想得到一张古代的宣纸，在五合之时倾情享受着挥毫旧纸所带来的一种独造的美感；而更多造假画的人也想得到更多的古代宣纸，可以造石涛、八大、华新罗，以牟取高额的利润。于是，清代、民国时期生产的旧宣纸几乎是按照平尺交易，价位高挺而仍少见，一张清代的玉版宣能买到近千元，比当时的小名头还贵；即使是20世纪中期生产的宣纸，现在也达到了几百块钱一张的水平。尤其是名人的特制宣纸，现在更是炙手可热的藏品，譬如一张李可染先生20世纪70年代的"师牛堂"宣纸，现在每刀在10万元以上，单张交易还贵。这说明旧宣纸是一种很有潜力的收藏项目，具有纯粹的不可再生性，在无意识（非收藏性的）的保管中，很容易发生因水浸、霉变、老化等外力破坏而导致的存世量损耗，再加上近年的造假者大量的搜集使用，都决定了旧宣纸的存世数量锐减，大概在不远的时日内，旧宣纸就会变成一种十分珍稀的历史孑遗。

清乾隆 蜡笺纸

作为文房的收藏者，对于旧宣纸不管尺寸大小，都在收藏的范围之内。如果能讲究一些的，要重点对于名牌和有工艺的老宣纸做重点

的收藏，譬如清代民国时期的名品"汪六吉"宣纸，是重点的品牌之一，当然，那时的宣纸使用量相对较少，品牌也没有现在那么多，质量都是很好的。在清代和民国时期，有一些高级的宣纸有工艺，譬如蜡笺纸、描金纸、洒金纸等，这些纸在当时的售价就很高，现在的交易价格数倍于普通旧宣纸。

　　旧宣纸当然也分生产年份，以乾隆时期的各种纸为最好，民国时期的相对低下。至于怎样看出是乾隆纸，那真不是几百字所能描述清楚的，百分之百的判断能力来自于对真品的摩挲感觉，文字的描述作用几乎等于零。

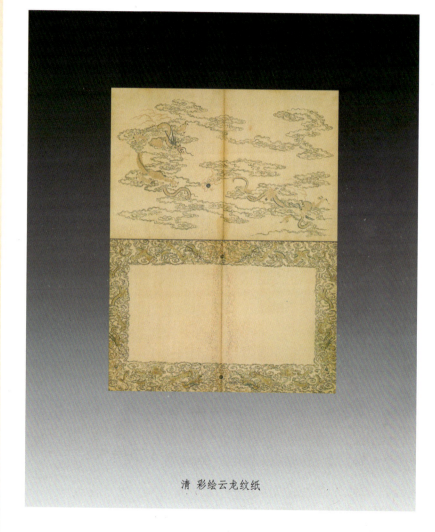

清 彩绘云龙纹纸

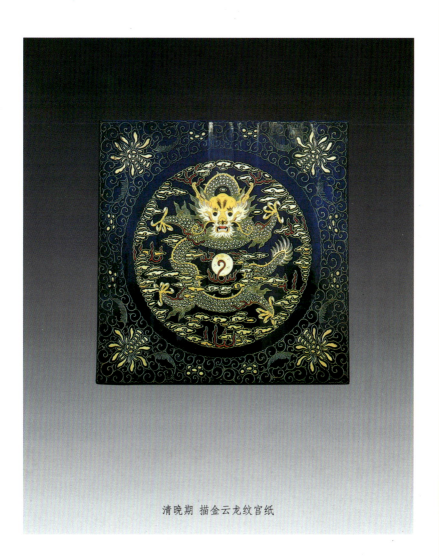

清晚期 描金云龙纹官纸

收藏旧宣纸要注意的特征

上面说了，在作为藏品的旧宣纸上，除了背面有时会保留纸厂、商号的印戳外，没有任何明显的可资借鉴的鉴定依据，只能从宣纸本身的材质状况来分析，建议从这两方面着眼：

一是要弄清宣纸的名称与相对应的使用特点。比如按材料可以分为常见的竹料宣纸、绵料宣纸、皮料宣纸和净皮宣纸；而按照使用性能可以分为生宣纸、熟宣纸、半生熟宣纸、笺纸等；各种再加工的制纸与生、熟纸的加工，都体现着造纸断代上的特征，通过比较可以发现，旧纸的白度深沉实在，新纸的白色上浮，这种直观效果至少由两点客观原因决定：两个时期的用料不同；在空气中氧化的时间不同。不管形成原因是什么，只要有了两种纸的不同感觉，就能基本上对纸的断代有了基本的鉴别能力。

二是要掌握宣纸的物理特性，其中包括纸质的薄厚、帘纹密度等。由于晚清民国时期对宣纸的社会需求并不强烈，所以制作的用料真实，制作程序规范，产品的适用性能也就相对较强，直观地表现在手感绵软，有很强的拉力。同时，纸的薄厚均匀适宜，用于书写的玉版宣纸厚而致密，用于制作拓片的绵连宣纸薄而有韧性。这些时代的制作特征与现代的宣纸制作有了比较大的不同，即使是尚未涉足旧纸收藏的人，也可以通过采用这种对不同时代宣纸对比观察的方法，来完成对旧纸断代基本的鉴别能力培养。

清早期 宣纸　　　　　　清中期 宣纸

清晚期 宣纸　　　　　　民国 宣纸

民国 宣纸　　　　　　　现代 宣纸

宣纸的加工与再加工特征

　　由于旧宣纸的藏品表面没有明显的时代特征，在判断宣纸的生产年代时，就必须借助宣纸加工时留下的某些痕迹来进行断代。具体说，对旧宣纸帘纹密度的观察是很重要的。帘纹是宣纸制作时，用细密的竹帘将纸浆抄出，烘干后在纸上留下的痕迹，不同时代有不同的竹帘编制密度特点，比如宋代宣纸的帘纹密度为0.1厘米左右，线纹距离在1.8厘米～2厘米之间，明清时期宣纸制作的作坊增多，帘纹的规

清康熙 宣纸帘纹　　　　　清末/民初 宣纸帘纹　　　　清末/民初 罗纹纸帘纹

律也就不那么明显了，但是，仍然维持在一个基本的范围内，不会有太大的变化。有经验的收藏者通过对帘纹密度特征的观察，就可以直接判断出宣纸的生产时间。那么，每个时代的帘纹特点，必须要靠收藏者对不同时期帘纹进行观察，才能得出感性的认识，这一点靠文字的描述是没有任何实际意义的。

　　宣纸成品后的再加工，也是形成准确断代的重要依据。譬如为了画工笔，需要没有洇墨效果的宣纸，于是在较薄的生宣纸上施以胶矾，这种宣纸称为"熟宣"，矾是靠胶固定在纸上的，保存时间很长的熟宣纸，当胶质老化之后，矾就会与纸脱离，俗称"走矾"。走矾的宣纸至少要在50年以上（当然，保存很好的熟宣纸，有可能不会走矾）。还有一种比较常见的再加工宣纸，就是用"泥金"与"撒金"

清中期 泥金宣纸　　　　清中期 撒金宣纸　　　　民国 撒银宣纸

这两种用金方式作为装饰，这两种纸往往能表现出一种富丽堂皇的装饰效果，我们可以根据金表面的颜色来判断出宣纸的制作时间，清代金的颜色黄中偏红，民国金的颜色黄中闪青，不管是泥金还是撒金，纸的分量都比较重，现在有些泥金纸，没有足够的分量的增加，那一定不是用真金制作的，也就证明了制作时间绝对不是清代或民国，一定是现代的产品。

　　由于老宣纸的纸浆都是纯粹的木质浆，内部纤维拉力大，吸水性能强，但是也容易出现霉变。宣纸的霉变最常见的是起黄斑，老宣纸起黄斑很常见，斑点呈圆形，大小点屡杂，比较严重的可能连成一片，这些黄斑在收藏中一般不算品相瑕疵。如果能牢牢记住黄斑的特点，那么对于书画真伪的鉴定也会有很大的帮助。

清康熙 宣纸边缘的霉变　　　　清 宣纸的黄色霉斑

　　现在的仿旧宣纸（包括赝品书画用纸）都是在新的宣纸上进行染色处理，譬如用红茶水染色、用旧画的画芯煮水染色等等，这些染旧的宣纸首先黄斑就做得不自然，颜色很少有接近真正黄斑的，同时，旧宣纸的"旧"，表现形式有各种各样，譬如长期蒙受尘土的纸，在白色中发灰；保存很好的旧宣纸，没有新纸那样光亮，白色深沉，上面带有一定的"旧"气；如果长期置放不动，外包装有破开的地方，会形成一张纸颜色的外深内浅，这些都是做旧宣纸所不能达到的效果，那些做旧宣纸的规律很简单，一般都是一张纸的整体颜色相同，没有细小的局部变化。

清末 装裱后纸样

建议从收藏民国信笺入手

　　关于旧宣纸的收藏，为了见到比较显著的成效，我建议还是从收藏民国时期的信笺入手。信笺也是用宣纸制成，带有宣纸的一些特征。这种信笺现在市场上时有所见，交易价位也比较合理，不失为收藏旧纸的理想目标。因为老的信笺与老的宣纸不同，杂项的收藏中很早有人就开始了清代信笺的收藏，而且清末以来，不少大的南纸局，如北京琉璃厂上的清秘阁、文美斋、荣宝斋等，就水印出了很多的带有图案的信笺，各式各样，当时就有人搜集保存，清末的著名画家张兆祥（字和庵）以各种花卉为内容，为南纸局绘制了一整套笺纸纹样，木板水印后称为"百花信笺"。民国时期，鲁迅与郑振铎合作，

清末 张兆祥绘笺纸

整理出版了著名的《北平笺谱》，这两套著名的信笺集，是杂项的收藏者非常看重的藏品，整套的原版现在已经不可得，市场上有时还能见到一些零星的散页，我早在30年前就收藏了这两套整谱，不过现在

我看到散页同样不会错过机会，因为收藏者的欲望是无止境的。收藏晚清民国时期的信笺相对比较容易，目前尚未见到有仿制品出现，只是上面说的两套笺谱已有再版，在见到整谱或散页时，要运用上面讲到的知识加以断代。笺纸与宣纸收藏的欣赏意义不同，笺纸上面的每一种纹饰设计都带有那一时代的美学印记，应该是当时文人审美的前端展示。在收藏笺纸的同时，还应该收藏一些同时代人的信札，当然，这些信札未必一定是名人的手迹，如果能够做到同时展出、立体欣赏，这样既增加了收藏难度，又有一番特别的把玩滋味，这种玩法特别，但是很舒服。

收藏行为的难易程度本来是客观存在的，没有谁能对此有所改变，但是就每个收藏个体而言，难与易有时又是相对的，将难度大的化简成相对容易，将比较容易的增加其难度，这又是一种玩法。旧宣纸收藏有困难，我们可以收藏笺纸；笺纸比较容易得到，我们再寻找当时人用同样笺纸写的信札，在这种比较大的往复收藏中，可以逐渐提高自己对旧宣纸的收藏鉴定能力，同时，也提高了自我的欣赏能力与创造欣赏空间的能力。

清末 文美斋制笺纸　　　　清末 清秘阁制笺纸

古代砚台收藏的基本标准是什么

古代砚台的收藏范围，不仅仅局限在文房用具的收藏者之间，因为一块好的砚台，即使是现在的新品，也具有很大的价值拉升空间，只要是稍微懂一点砚台收藏常识的人，几乎都有过染指的经历。如果过问一下我们周围的藏友，相信一定有不少人对砚台感兴趣。

砚台所具有的升值潜力主要来源于四个方面：

1. 材质资源的变化。我们常见的砚台主要是端砚和歙砚，这两种石材分别产自广东与安徽，在唐代就已经成为制砚的主要石材了，经过了这样漫长的开采过程，材质的变化往往是很明显的，可以分为两种：一是砚石资源的枯竭。产于安徽境内的歙石在宋代就已经绝迹了，现在的歙砚与宋代欧阳修所使用的歙砚不是一个石种。而现代的端石开采，已经达到了竭泽而渔的地步，绝少有上好的石材出现；二是砚石矿带古今各个时期都有所不同，有些差距会很大。如果我们将某一个历史时期对应于一个宏观的矿脉位置，那么历史上的每个时期所开采到的砚石质量表现都不尽相同，原因很简单，譬如清代乾隆时期"赶上了"好的矿脉，砚台的质地品质就普遍上好；某朝代（时期）"赶上了"劣质矿脉，砚台的质地就普遍糟糕。我们可以从下面的宋代与清代的端砚比较中，观察材质的时代差异。

宋 宣和款端砚（吴战垒先生藏）

清 端砚

2.石品的变化。这里讲的"石品"，是指砚石材质上的自然纹饰，这是评价一方砚台除质地外的最重要的指标之一，也是收藏者非常注重的地方。石品中所包括的自然纹饰其实就是砚石中的杂质，譬如鸲鹆眼、火捺纹、金银星、冰纹、鱼脑冻等，这些天然的杂质纯属偶然的天赐丽质，可遇不可求。正因为这样，石品对于砚台的收藏者来说，是仅次于石质之后最重要的价值评估标准。

3.昔日的砚台主人为藏品提高了收藏价值。砚台是书写的重要工具，在它的传承中，很有可能会经过历史名人之手，或者留有名人书刻的砚铭。凡是这种身份的砚台，都具有很高的收藏价值，在传世的古代砚台中为数很少。

4.制作精细的工艺价值。在砚台的收藏中有这样的一条规律：好的砚石未必配有好的雕工；但是好的雕工一定出现在好的砚石之上。只有雕工好，才能从人力上增益砚台的存在价值。

上面的四个方面是按照砚台收藏价值依序排列的，一般初涉收藏砚台的人，最容易将上面的顺序颠倒，先看有没有漂亮、精细的雕工，这是一个很危险的误区，根据我的收藏经验，好的雕工一定要匹配在好的材质上（这里仅指明清和民国时期，元以前不论），如果在一般的材质上出现很精细的雕工，不管是什么时代的风格、不管刻有什么名人的款识，都应该对之表示怀疑（但不能轻易否定）。

砚台收藏标准最重要的是砚石的质地要好，好砚石质地的基本标准比较直观，譬如石质坚密，"水头"充足，用手指按在砚石上，就会现出湿润的指纹；抚摸手感细腻，有的书形容为"如抚婴儿肌肤"，真的就是这种感觉。那种不好的材质在对比中可见砚石干涩而

粗糙，吸水的速度很快，等等。有人说，不是还讲究"坑口"吗？所谓的"坑口"是指一块砚台材质的出产地，有些坑口的砚石现在已经绝迹了，譬如端石中老坑大西洞的张坑，所以就显得贵重；有些坑口砚石的储藏量大，譬如宋坑，尽管相传是宋代发现的这个坑，现在还在源源不断贡献新的砚材，所以收藏价值上升缓慢。

在对砚石质地充分肯定之后，才能锦上添花地对各种石品产生适当的要求。石质、石品是自然生成的"天赐"，对砚台的收藏价值产生着决定性的作用，任何一个成熟的收藏者都会首先关注着两个方面。至于传承与雕工，对于一方古砚来说，并不是最重要的。但是，现代冒充古砚很难从石质、石品上做文章，无一例外地从人文因素上施行赝品的欺骗。所以，初涉砚台收藏的人，应该从石质、石品上入手，石质、石品对了，即使没有雕工、没有经过名人的传承，同样是古砚中的精品。

明 宋坑端砚

几种常见的砚材

　　砚台是中国古代文人书写的主要研磨器具，譬如要写作，就要用砚台研墨；要批注，就要用砚台研朱砂。由于用途不同，砚台的材质构成也就不同，可以分为两大类别：一是研墨，主要用石砚、泥砚；另一类是研朱砂，多用非石、泥类砚台，如玉、水晶、瓷等。而用于研墨用的石、泥砚，也因使用者的习惯不同，材质显得庞杂，常见有端砚、歙砚、洮河砚、松花江砚、红丝石砚和绛州澄泥砚、虢州澄泥砚、青州澄泥砚等。

　　作为一般的古砚收藏行为，我们不主张收藏者面面俱到，还是要从最为常见的材质入手，有了充足的收藏经验，再逐渐涉及其他材质砚台的收藏。

　　常见的古砚材质大概有这样几种：

　　一是端砚。就一般水平的收藏行为来说，端砚的收藏时段应在明、清这两个时期，因为这两个历史时期的端砚存世量大，也比较常见，而且由于各种因素的不同，造成的价值位差最为明显，譬如同是

近代 端砚

清代的端砚，有可能一方价值数十万元，另一方可能价值几千元，其中的价值空间往往真实地反映收藏品质的差异，也是更多古砚收藏者孜孜于此的原因所在。

二是歙砚。歙砚的收藏重点应在唐、宋时期，一般以宋代出土的歙砚为主。唐代歙砚的传世量太少，不能形成规模效应；而宋代的歙砚宏观上要多于唐代，在20世纪的八九十年代所见略多，现在真正有品位的宋代歙砚已经到了一砚难求的地步。至于清代的歙砚，工艺制作与端砚没有本质的区别，并不是最佳的收藏选择。

明 蝉形歙砚（吴战垒先生藏）

三是瓷砚。以瓷烧制成砚的历史由来已久，在一般收藏品中，我们能看到较早的唐代瓷质辟雍砚（三国、两晋的瓷砚为数稀少，不易见到），明清时期的瓷砚是比较常见的收藏品，从砚面上的使用痕迹来看，瓷砚多是用来研磨朱砂。只是瓷砚的收藏又横跨在瓷器的范围之内，还是要借助于瓷器的鉴定方法。

明 影青瓷砚（邢振奇先生藏）

四是玉砚。玉砚是专门用来研磨朱砂的器具，殷墟妇好墓曾经出土了一件玉质的"调色盘"，上面留有残存的朱砂，其实就是最早用来研朱砂的玉砚。我们现在常见的玉砚，基本上都是明、清及民国时期的制品，带有玉器制作的时代特征，往往要借助于玉器的鉴定方法鉴定。

清 白玉砚

五是澄泥砚。中国四大名砚中就有澄泥砚。其实澄泥砚在实际收藏中相对较少，不属于常见的材质。唐、宋时期的传世澄泥砚很少见，基本上不属于一般的收藏范畴，大概在宋代以后，澄泥砚的制作出现了短时间的真空期，传世的古代澄泥砚多见于明清时期的制品。

清 瓜形朱砂澄泥砚（吴战垒先生藏）

中国的古代文化比较喜欢凑足"四"字，譬如书画方面的"宋四家"（苏轼、黄庭坚、米芾、蔡襄）、"元四家"（黄公望、王蒙、倪云林、吴镇）、"明四家"（文徵明、沈周、唐寅、仇英）等，其中的文化渊源在此不作讨论。古代砚台的收藏，也被冠以"四大名砚"除了上面所讲的端、歙、澄砚之外，还要满足这个"四"的常规，于是就选中了产于甘肃的洮河石砚。洮河砚的确具有很多的砚石优点，属于名砚的一种，但是历史上对这种砚台的使用、收藏并不像端砚、歙砚那样宽博，一般收藏者对此也缺乏足够的了解，所以笔者以为不能视为常见的砚材。

　　作为收藏品，古代砚台的常见材质主要是端石、歙石和澄泥这三种。

砚台的基本结构

　　砚台造型的基本构成，经历了由简到繁的漫长历程，战国及其以前的石砚这里不去考证，1978年在山东临沂金雀山西汉墓出土了一方装在漆盒里的平板砚，算是真正意义上的砚台。从汉代的石质平板砚开始，经历了唐代的"风"字砚（瓷质的辟雍砚这里不包括）、宋代的抄手砚，直至明、清时期的各种石、泥砚台，对砚台构成的造型装饰始终没有停止过，至清代的乾隆时期达到了顶峰。从砚台的构件上断代，可以比较清晰地把握各个不同时代的不同特征。

　　1.砚板。砚板是砚台造型的基本石板，汉代的石质砚台都是没有雕饰的砚板（金雀山西汉墓出土的砚板前端雕有放置研石的凹槽）。清代以后，对于质地很好的名坑砚石，往往只保留开方规矩、打磨平滑的石板，上面不加任何雕饰，也称砚板。

汉 砚板（吴站垒先生藏）

　　2.砚堂。砚堂指砚台的研墨处，是砚台必须具备的构件。又称"墨堂"、"砚心"。砚堂是一方砚台最为实用的核心处，下墨的快慢、墨汁颗粒的粗细全决定于砚堂石质的优劣，所以砚堂的石质可以决定这方砚台整体的使用价值与收藏价值。收藏者还可以根据砚堂的磨损状况，来判断古砚的真伪。一些砚台尽管是古砚，如果砚堂凹陷

很深，使用很"苦"，这方砚台的实际收藏价值就要打一些折扣；如果使用痕迹浅而规范，又有新品之嫌。对于端砚来说，有些石品譬如鱼脑冻、火捺纹放在了砚堂内，这方砚台的身价就陡然增高；而有些石品譬如石眼如果放在了砚堂内，就属于"低眼"，可能还有碍于砚台身价的增长。砚堂是整个砚台的核心部分，所以要首先关注。

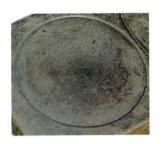

砚堂

3.砚池。砚池又称"墨海"、"墨池"，是砚台贮存墨汁的池子，辟雍砚在砚堂的外围，方形砚在砚的前端。至少在宋代的抄手砚上，就已经有了砚池的存在。明清时期的砚池一般都是规矩的长方形或长圆形，而宋代砚台在砚池的造型上有着不少的变化，在收藏中要多加留意。

砚池

4.砚额。砚额又称"砚头"，位于砚台的上端（长方形砚台以窄端分上下，以有砚额者、砚池者为上；椭圆形砚台以有砚额、砚池者为上）。宋砚的砚额处只有砚池；明、清砚台的砚额在砚池上再留空，雕有各种纹饰，是工艺展示的主要部分，这是宋砚与明清砚的重要区别点。在砚材的使用过程中，将砚石最好的部分处理成砚堂，而将端头有瑕疵的部分做砚额，通过深浅浮雕的技法，去掉瑕疵，这样，既加大了砚台的体积，又可以增加砚台的艺术感染力。如果砚板质地没有任何瑕疵，完全有可能设计为只起一圈"矮墙"的素砚，使整个砚板形成一个大的砚堂，充分展示出砚石的自然美。因此，对于砚台来说，有砚额雕工的未必优于没有雕工的，关键看砚台的石质和收藏者的欣赏角度。

砚额

5.砚底、砚侧。砚底指砚台的底面，这个地方没有工艺，所以比较清楚地观察到砚石的颜色，以及上面的石品状况。有些使用者在砚底书刻铭文。砚侧是指砚台四周的墙，又称"砚墙"。砚墙与砚底一样，有时会留有使用者或收藏者的铭文，这些铭文会在很大程度上保留着砚台的传承经历，是砚台的出身档案。古砚的赝品也往往在砚铭上暴露出作伪的痕迹，最突出的一点就是砚铭镌刻的字口包浆与砚台本身的包浆不一致，这是最容易对比出的纰漏。

清 铲形澄泥砚（吴战垒先生藏）

清 端砚

端石的颜色

有不少初涉收藏砚台的朋友经常会问到这个问题，希望能一言以蔽之地得到回答。这个问题很难回答得令人满意，因为端石是什么？是石头，是生在端溪的石头。既然是石头，那么就一定是自然的，不会带有统一的颜色。这样说吧，即使是同一个坑口，时代不同，所开采的矿带位置也不同，得到的石头的颜色也就不尽相同，譬如同是老坑，宋代的石色为深紫色，所谓"色贵青紫"，而到了明清时期，则为蓝紫色，这种蓝色又称为"宝蓝"。因此说，学习砚台的收藏，必须要学会细心地观察和辨别砚石的颜色及其差别，并牢牢记住这些差别，这是一项重要的鉴定基本功。

当然，端石的颜色还是有一个大概的指向。端石的基本色有紫色和灰色两种，一些坑口的颜色变化都是围绕着紫色进行加减，比较突出而具有标志性的是宋坑；有些坑口端石基本色是在灰色的基调上加减的，譬如梅花坑的主要色为灰黄，有些老坑的外观颜色是灰青。

在上面两种端石的基本颜色之外，还有两种异色：一是白色的端石，称为"白端"；二是绿色的端石，称为"绿端"，用这两种端石做的砚台多用于研磨朱砂，不是端砚的主流收藏品。

一方好的端砚应该具有美妙的颜色，那么怎样才能观察到呢？因为好的端石就是在水中漫长的浸泡状态下，从干涩的岩石变成了滋润细腻的砚石的，所以观察端砚最好也在水中进行。如果将砚台浸放在水中，就可以准确地观察到砚石的紫色中所包含的其他各种颜色，同时，一些很隐蔽的石品也都会清晰地展示出来。一些有经验的端砚销售者，在向顾客讲解产品时，往往也会在砚面上洒些水，就是借助这个道理。

清中期 鱼化龙纹端砚

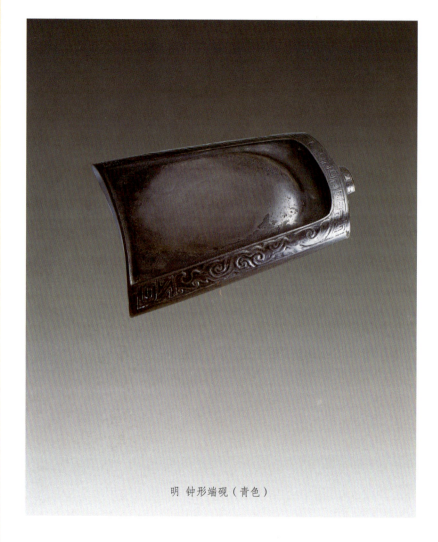

明 钟形端砚（青色）

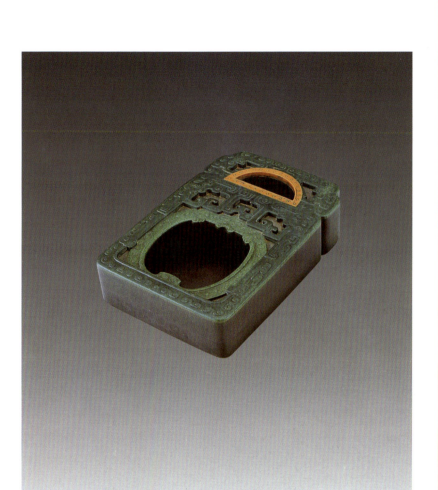

清康熙 夔龙纹绿端砚

常见的端砚都有哪几个坑口分类

　　端砚，是指以产于广东省肇庆市（古代称"端州"）东郊斧柯山西麓端溪的石材制成的砚台。据考证，用端石制作砚台的上限是在唐代初期，这就是说唐代已有端砚存在，这一点对于古砚的断代很重要。

　　对于初涉端砚收藏的人来说，有两种基本功是必须搞清楚的：一个是雕工。古代砚台上的雕工，无疑是断代的基本参考点。但是，如果对于一方素砚，或一方砚板，这个参考点就无能为力了；另一个是坑口。通过对砚石材质基本特征的分析，来完成材质的真伪、开采年代的判断。譬如现在砚台的交易市场上有不少是用攀枝花产的紫石冒充宋坑端石，这种真伪端石的鉴别方法其实并不复杂，最简单的方法就是用真品宋坑并案比较，一眼即可看明白。但是对于没有宋坑真品或不熟悉宋坑的人来说，就很容易上当。在传世的古代砚台中，有一些载入史册的坑口已经在历史上逐渐消失，一些坑口虽然现在仍然出产砚石，只是由于古今开采的位置不同，矿带特征也肯定不完全相同，而根据这些特征，再配合可以作为参考的纹饰雕工，就可以大概判断出一方砚台的制作时间。

　　端石的开采地点，我们俗称"坑口"。坑口的划分层复杂，名目繁多，作为初涉古砚的收藏者，不应该过分地孜孜于坑口的名目划分，而是要提纲挈领地掌握比较重要的有关坑口的特征。

　　老坑　又称"水岩"、"皇岩"。坑内分大西洞与水归洞两个坑口，所以大西洞、水归洞开采的砚石都可以笼统地称为"老坑"。老坑的砚石由于在水中浸泡的历史悠久，所以质地细腻柔润，含水量大，而且石品丰富，常见的有青花、朱砂钉、火捺、翡翠、鱼脑冻、蕉叶白、冰纹、金银线、石眼等。老坑开采的砚石是端砚中的第一名

品，尤其是明清时期的老坑砚台，具有很高的收藏价值与交易价格。老坑的开采在宋代就已经非常艰难，苏东坡曾经有过这样的描述：

千夫挽绠，百夫运斤，篝火下縋，以出斯珍。

想一想，在洞的上面，有很多的人拉着粗粗的绳子，系着洞下的人用斧凿开采着砚石，连照亮的火把都要从上面系下去，这是多么轰轰烈烈的场面，可见至少在宋代，老坑砚石就已经是相当难得的珍品。

老坑砚石

宋坑　这个坑口相传是在宋代被首先发现并开采的，所以冠名为"宋坑"。纯正宋坑的砚石颜色紫红，有人形容为"紫如猪肝"，这是对宋坑颜色的一种很重要的描述，好的宋坑石面上带有金星点、火捺纹、金钱火捺纹等石品。宋坑砚石的储存量很大，现在仍有为数不多的开采，现在攀枝花出产的一种紫石，颜色与宋坑比较接近，多有用来冒充。在收藏的实际操作中，特别要注意。

宋坑砚石

梅花坑　梅花坑又称"九龙坑"。相传梅花坑也是在宋代被首先开采的，也有人将梅花坑划归到宋坑的范围中。梅花坑的砚石特征是石眼多，米黄色，多数眼中有点而无瞳孔，重晕不分明，砚石的颜色呈苍灰色微闪黄，其中以带有梅花点纹者为上乘。砚面显示，其质地不如老坑细腻，但属于端溪名坑。

梅花坑砚石

　　坑仔岩　坑仔岩相传也是在宋代被首先开采的，所以也有人归于宋坑的范围之内。如果从质地上看，坑仔岩的石质优于宋坑，主要表现在纹理细腻滋润，石色青紫闪红，沉静肃穆，石品多见鱼脑冻、青花、蕉叶白以及火捺纹，尤其是石眼的颜色黄、绿纯净，多带有若干圈重晕，俗称"活眼"。坑仔岩是端砚中的精品材质，一般收藏者很难遇到，所在拍卖会等大型交易场合，才能有所接触。

　　麻子坑　麻子坑与上面所讲的不同，属于清坑。相传是清中期有个长麻子的人首先发现并开采的，故名。麻子坑分旱洞与水洞两种，清代开采的砚石材质可以达到老坑与坑仔岩相同或相近的水平，砚石青紫，微闪蓝色。主要的石品有猪肝冻、鱼脑冻、蕉叶白、火捺纹、金钱火捺纹、青花等，还有颜色碧绿纯正的石眼，分鹦哥眼、鸲鹆眼，眼中有重晕，与坑仔岩的石眼质量相当。现在麻子坑仍在开采，但是优质的砚石已经很少见到。

　　除了麻子坑外，明、清两代相继发现并开采了多个砚石坑，譬如明代有宣德坑、万历坑，清代有吴兰修坑（道光年间）、张之洞坑（光绪年间）等。

　　在实际收藏过程中，因为我们普通收藏者的资金所限，不太可能硬碰硬地高价位购买石质石品、雕工年份都好的古砚台，而在一般的交易场所，有时一方被宿墨油泥包裹着的破旧砚台，可能就是一方质地上佳的坑仔岩，或者麻子坑，这种情况确有发生，若干年前，我陪

一位当代篆刻巨擘韩天衡先生到天津沈阳道遛地摊，先生廉价买走了一方质地很好的宋坑老砚台。先生捡漏的前提条件是他比卖主更懂砚石。

　　从纯粹的收藏上看，在书画、瓷玉器上捡漏的可能性不大，因为那是古玩收藏的主项，研究入理的人很多；文房用品比较偏，砚台更是专门的学问，所以只要有"眼"，"捡漏"并不是一件难事。

清　宋坑端砚

端砚的石品

这里所说的"石品"，其实就是砚石中所含有的异色不同成分，也就是砚石石质不纯的表现。由于这种成分的出现比较偶然，在不影响大的使用功能的前提下，可以带来独有的把玩效果，所以，在质地基本相同的情况下，石品的有无与石品质量的高低，便成了考量砚台、容量的一种可视标准。换言之，石质是使用的感觉，而石品是赏玩的内容。在砚台的收藏中，有关石品的讲究很多，其中在不少有关砚台的著述中，都讲述了名目繁多的石品，其中绝大部分品名是历代收藏家的故弄玄虚，徒存虚名，在传世的藏品中，根本见不到与之相对应的石品，这些都给后世的砚台收藏带来很恶劣的影响。其实在收藏的实际操作中，能见到的端砚石品并不复杂，有几种比较常见的石品譬如石眼、火捺等对初学者有用，需要与实物比对记住，而那些名贵的罕见石品，在初学阶段只要了解一下就行了，不必孜孜于此。

石品对于收藏者来说，有两个重要的作用：一是决定了收藏品收藏价值的高低，有石品的就比没有石品的价值高；有青花的就比有石眼的更受追捧，这是毫无悬念的收藏市场行为。二是石品所具有的特征，也是砚石开采的时代特征，换言之，由于每个时代不同，砚石矿带的开采位置也一定不同，那么石品也自然不尽相同。如果把端砚的某些石品作为考证来观察研究，就会在端砚材质的判断上多一些把握，也会在日常的收藏实践中多一些"捡漏"的机会。我们在遛地摊时，经常注意端庄大方，而且带有木盒的老砚台，从而忽略了对无盒、砚体不洁的旧砚台的观察，这类旧砚台未必不是块好端砚。我们在写书时，为了配合论述效果，往往将最突出、最显著的石品图片展示出来，其实在现实收藏中，更多的石品并不是那么显而易见，多是

混杂其间或零星散落，如果不仔细观察，或没有收藏经验，即使砚体带有石品如碎冻，也很难发现。收藏的乐趣往往就在于"捡漏"，不能发现"漏"，怎么捡呢？这是尤其应该注意的。

端砚常见石品：火捺

在端石上有一种像皮肤被热烙铁烫伤了一样的紫红色，称为"火捺"，又称"火烙纹"。火捺的分类有多种。

从颜色分有这样几种：

1.偏粉红色的为嫩火捺，而微带青黑色的就是老火捺，相比之下，以嫩火捺为贵。

2.与嫩火捺紫红色相近似，火捺外沿浅粉红近胭脂色的，称"胭脂晕"，胭脂晕一般出现在老坑、坑仔岩和麻子坑之上，宋坑也偶有出现。

3.如果火捺的中心部位颜色深紫，就称为"猪肝冻"。在石质的品评中，凡是能称为"冻"的，收藏级别都很高，凡是寿山石、青田石和巴林石中有"冻"的地方，都是呈半透明的肉皮冻状，而端砚中的猪肝冻则与之不同，没有半透明状质地。

从形状上分有这样几种：

1.火捺的形状为圆形，颜色由内向外分层延展，形成像树干横截面的年轮状，这种火捺称为"金钱火捺"。金钱火捺的命名标准很严格，必须是圆形，所以是端砚中很少见的石品，现在一些不规则的圆形也勉强算作金钱火捺，在收藏中需要注意辨别。

2.如果火捺造型呈分散状，或呈波浪形、或呈不规则条形，就称为"马尾火捺"。马尾火捺的颜色多是紫红色，以较嫩的紫红色为上佳，而闪黑的老色稍差，多出自宋坑。

需要注意的是，火捺是一种收藏者附加给砚石上的一种称谓，所以其形成的颜色、形状千变万化，见仁见智，没有一个统一的技术指标来认定。比如马尾火捺，像与不像完全依靠阅读者的感觉来产生，

在这个方面，千万不要过分地追求。譬如下面这方端石上的火捺形状就不是很规整，也看不出究竟像什么，从品位上讲，远不如上面所讲的金钱火捺、马尾火捺的收藏价值高，但却是比较常见的一种火捺纹，就目前断言的收藏状况而言，能有一种这样的火捺石品，也应该算是很不错的古砚台了。

火捺纹

清 端砚（紫色）

端砚常见石品：鱼脑冻

在火捺的周围，有时会出现白中闪青黄的色团或星星点点的色斑，这种色团（点）的质地稍微带有一点半透明感，这就是端砚著名的石品"鱼脑冻"。带有鱼脑冻的端石，基本上都是名贵的水岩老坑，石质极为细腻，为端石中的上品。

可以这样说，鱼脑冻是端石之中最为细嫩、最为纯净和最为诱人的地方。常见的鱼脑冻应该是白中闪淡黄或淡青，而品质最好的鱼脑冻的颜色更加纯净洁白。鱼脑冻在端石中的存在状态有三种：

1.成片、成团状，就像天上的白云一样，形态轻飘自然，这种状态的鱼脑冻很珍贵，一般不易见到。

2.呈现状态不明显，时隐时现，这种状态的鱼脑冻称之为"荡"。

3.呈星碎状态存在，斑驳错落，有人称之为"碎冻"。下面所展示的鱼脑冻，就属于碎冻。

按照一般的规律所见，鱼脑冻都是生成在火捺中间，不单独存在。由于鱼脑冻很难得，所以凡是鱼脑冻都被匠人厝置在砚堂的正中，不会像其他石品那样出现在其他位置上。

凡是带有鱼脑冻的端石都是质量上佳的，只出现在老坑、坑仔岩和麻子坑中，而且数量也很罕见，现在新品端砚中多见宋坑，没有鱼脑冻石品，这一点应该记住。

有一种与鱼脑冻相近似的石品"蕉叶白"，也是冻的一种，颜色白中闪青或闪黄，冻的面积比鱼脑冻大，边缘清晰，周围没有火捺。蕉叶白与鱼脑冻具有相同的收藏价值，只是蕉叶白石品比较明显，而鱼脑冻，尤其是"碎冻"和"荡"，多含混在火捺中，不易辨别。

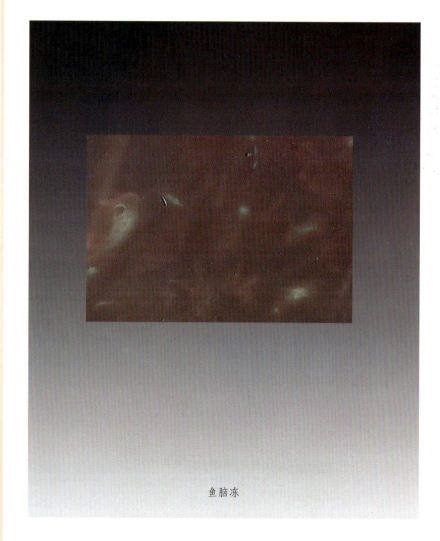

鱼脑冻

端砚常见石品：石眼

在端砚的收藏中，石眼一直是被广泛关注的石品，其实石眼才是不折不扣的端石中的杂质。上面我们说了，鱼脑冻是端石中最为纯洁、细腻的质地，常被匠人设计在砚堂中央，从实用的角度上看，在鱼脑冻上研墨，可以体味优质端石带来的舒适感。而石眼由于是一种纯粹的杂质，不能提高研磨的舒适度，所以只要有可能的话，一般都不会将石眼设计在砚堂之上。

石眼尽管是端石中的杂质，由于它有着漂亮的颜色分布和像眼睛一样的造型，又是一方端砚中华贵的点缀装饰物。石眼的颜色艳丽醒目，是一般水平收藏者倾心追求的石品。

石眼可以分为圆形与椭圆形两种，颜色以黄、绿两色为主要基调，有米黄色、黄绿色、翠绿色、豆绿色等。也有例外，象牙眼就是乳白的象牙色，所以说石眼尽管小，颜色构成却很复杂。

石眼

端砚上的石眼颜色构成与分布状态本来就是千变万化，经过了历代文人不断赋予各种名目的命名分类，使得石眼的种类越来越复杂，这些命名是从不同角度进行分类的，相互间又有交叉。至少可以从下面这三个方面命名：

1.按照动物眼睛分有：鸲鹆眼、鹦哥眼、鸡公眼、麻雀眼、猫眼、象眼。

2.按照人类眼睛分有：怒眼、泪眼、死眼、活眼、瞎眼、翳眼。

3.按照在砚台上的位置分有：高眼、低眼。

上面命名的含义很浅，需要了解的是下面几种重要而常见的：

1.鸲鹆眼：以翠绿为主色，以黄、绿、碧色为重晕层，中间有正而圆的瞳孔。

2.鹦哥眼：与鸲鹆眼颜色相近似，直径稍小，不同的是有黑色的瞳孔。

3.麻雀眼：石眼正圆，黄绿色，有重晕。

4.泪眼：眼形成向下的水滴状，不圆。

5.活眼：凡是有重晕、有瞳孔的石眼都称为"活眼"。

6.死眼：凡是只有一种颜色，没有重晕变化、没有瞳孔的都属于"死眼"。通过对比可以发现，死眼远不如活眼漂亮诱人，所以收藏的标准是"贵活不贵死"。

7.高眼：在一方端砚上，石眼的位置较高，在砚堂之上的，称为"高眼"。端砚的石眼讲究"贵高不贵低"，是指石眼的位置越高越好。

8.低眼：石眼的位置在砚堂的中、下部，或者在砚的背面、两侧，都属于"低眼"。

当然，这些眼形的确定，没有一个准确的标准，一般都是收藏者自己根据眼的实际形状，向比较稀少的高级别靠拢。石眼的存在是纯粹的锦上添花，重要的是要看整个石质的优劣程度，如果石质不好，石眼再好也不能提升砚台的收藏价值。这与收藏翡翠是一个道理，翡翠收藏价值的高低不在于翠色的好坏，而在于地子的优劣，翠色只是提高档次的附加值，而不是根本。

端砚石眼

端砚常见石品：青花

　　青花是端砚中比较罕见的一种蓝色的小色斑石品，多在水中能显现得比较清晰，是端石中高档次的石品，历代砚台收藏家都对青花有相当高的评价，譬如"鉴别端石，以青花为佳"。青花的种类很多，有微尘青花、鹅毛氄青花、蚁脚青花、萍藻青花等。青花石品经常出现在老坑、坑仔岩、麻子坑中，数量稀少，一般的端石砚台不会轻易见到。

端砚常见石品：五彩斑与朱砂斑

　　这两种"斑"，又有人称"钉"，是端石上面的彩色杂质，坚硬拒刀，作为玩赏的端砚，砚面上镶嵌有五彩钉与朱砂钉固然是锦上添花的增值点；但如果从实用的角度上看，尤其是五彩钉，可能会使研墨时墨锭打滑，而造成手感的不舒适。

　　五彩斑的颜色主要有绿、黄、蓝等色，色种丰富，斑块小而碎。

　　朱砂斑是一种朱砂色的色斑，其颜色以浓艳为贵、浅淡为贱。在一块端石上有朱砂颜色的色块出现，可以调节整个砚面的色调与气氛。朱砂斑在水中尤其显得沉着艳丽，斑块面积也较小，与黄豆粒相近。

　　值得注意的是，五彩斑与朱砂斑只有在老坑中才能出产的石品，是老坑身份的代表，其他坑口决没有这种石品，所以，见到这两种石品，一定不要轻易放弃。

朱砂斑

关于歙砚的基本知识

　　歙砚是与端砚齐名的另一种石砚种类，传统的收藏观点认为"端一歙二"，其实那是对明代以后砚台存世量的排序。而元代上至李唐这一历史时期的排序则应该是歙砚第一、端砚第二。歙砚是唐、宋时期砚台最重要的收藏品类。

　　歙砚是以古代歙州（即现在江西婺源、安徽歙县、黟县和休宁等地）出产的石材制成的砚台。定义有广义与狭义之分：狭义的歙砚是专指用江西婺源龙尾山出产的砚石制成的砚台，这种砚石称为"歙石"或"婺源石"，所雕制成的砚台也可以称为"龙尾砚"；广义的歙砚则是泛指上述正宗歙石产地周边各地所产的砚石。

　　歙石的颜色以青灰色和青黑色为常见，青碧色的歙石比较珍贵。据说歙石的地质形成于距今十亿年前后，主要成分是绢云母、绿泥石以及少量的金属矿物质。由于绢云母及隐晶质占有比例较大，而且颗粒极其细微，所以组成的砚面孔隙细小，结构紧密，研墨时下墨但又能较好地贮水不涸。

宋 罗纹歙石及上面的绢云母星点

　　歙石用于制造砚台的最早时间现在没有准确的考证，据北宋人唐积的《歙州砚谱》记载：

　　唐开元中，猎人叶氏逐兽至长城里，见叠石如城垒状，莹洁可爱，因携之归，刊出成砚，温润大过端溪。

　　早在北宋时期，就有学者认为歙石最早用于制作砚台是在唐代的开元时期。我们在实际收藏中，如果遇到具有唐代制砚样式的歙石砚如"凤"字砚、箕形砚等，不要对于歙石的最早使用时间发生怀疑。

　　宋代是歙砚制作使用的历史高峰时期，各种名坑、石品都是在这个时期发现命名的，当时的许多文学、书画大家譬如欧阳修、苏轼、黄庭坚、米芾、蔡襄等人，都留下了对歙砚的高度评价，蔡襄有一首诗是这样抒发对歙砚赞美的：

<blockquote>
玉质纯苍理致精，
锋芒都尽墨无声。
相如闻道还持去，
肯要秦人十五城。
</blockquote>

　　北宋的大文学家欧阳修曾经旗帜鲜明地褒扬歙砚而排斥端砚，由此引发了一场关于歙、端孰优孰劣的大论战。在今天看来，欧阳修的观点没错，他说了实话，宋代是婺源纯正歙石发掘的最佳时期，而肇庆端石石质最好的阶段应该是在清代。正是如此，歙砚才有可能成为宋代文人用砚的首选石材。也正是使用歙砚成为了赵宋文人的一时时尚，才导致了歙石在这一时期的过度开采。据《婺源县志》的记载，南宋景炎二年（1277），在开采砚石的时候，"石尽山颓，压死数人乃已"。可见在南宋时期，歙石的资源已经基本上枯竭了，真的没有给后人留下可以延续使用的歙石资源。短短的赵宋一朝，在兴盛了歙砚的同时，也断绝了歙砚的后嗣薪火。清末民国时期的田黄石、现在的和田玉都正在沿着宋代歙石的这道覆辙向尽头走去。

　　在元代的至元五年（1399），歙石开采坑塌人亡的悲剧再次复演，从此至清初的这一阶段中，没有了开采歙石的官方记录。

　　清代的乾隆年间对歙石的开采有过一些零星的官方记载，还记录有徽州向朝廷进贡的歙砚数量，只是持续的时间不长，就没有了音讯。

　　从上面的介绍可以得知歙砚的基本颜色与最早的制作时间，以及兴盛、衰微的历程，这些都是收藏歙砚必须知道的基本常识。

文房用具

089

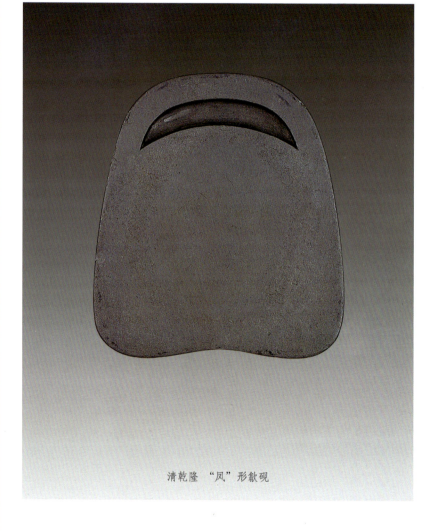

清乾隆 "凤" 形歙砚

宋 罗纹歙砚

歙砚"玩"的是什么

　　有不少初学者对这个问题不理解，在他们看来，端砚与歙砚只是产地的不同，只要不是现代的新品，都在收藏的范围之内。其实，这只是一种粗线条的"收'，还没有达到"藏"的高境界，在古玩的收藏中，所谓"藏"，就是将罕见的东西"束之高阁"、"秘不示人"，干什么？独自品茗清赏。如果缺少了这一层含义在其中，那就与一个旧货物仓库的保管员没有什么区别了，因为他没有享受到藏品最重要的价值所在。

　　在古代砚台的收藏中，歙砚与端砚的收藏点还不完全一样。从砚台的使用史上看，更为久远的历史我们不去考证，仅在唐代以后至元代这一历史阶段中，通过对歙砚、端砚的出土品、传世生坑、传世熟坑的数量对比可以发现，歙砚几乎一统天下，占有了砚台制作数量的统治地位（唐代有端砚存世，只是数量相对较少）。正是由于元末以后歙砚的砚材开采出现了一段真空，进而迅速地退出了使用市场，这才为端砚地位的崛起提供了必然的历史契机，这是历史上歙砚与端砚统治天下的时空交错。正是源于这个原因，收藏端砚的最佳历史时段是在明清，尤其是清中期的端砚，在砚材、雕工、制作各个方面，都达到了中国历史的巅峰，无与伦比。而这一时期的歙砚无论在哪个方面，都不可能与端砚相比。当然，我并不排除清中期歙砚制作水平同样高妙，只是歙石已经屈居于"砚必称端"的明清时期。相反，明清以前的砚台，收藏重点非歙砚而莫属，尤其是宋代的歙砚同样达到了历史的高峰，可以从三方面来审视：

　　1.宋代歙砚材质的细腻程度与清代直至现代的歙砚有很大的不同，从出土品、传世生坑与后来的歙砚对比观察可见，宋代歙砚的石

品远不如后世的奢华，如果从质地的细腻程度看，宋砚则远居其上。

宋代歙石

明代歙石

清代歙石

2.砚体的设计美观而不华丽，这一点很重要，是宋砚设计根本的理念所在。宋代歙砚在砚堂之上设计出了砚池，作为整体的美化，对砚池仅做了一些平面的线性的简约修饰，达到了美而不妖的设计高度，使整个砚台的阅读感觉更适合于"尚理"的文人，更适宜作书斋中的一件文具，而不是掌中的尤物，这与明清时期砚台的过于雕凿造作有明显的不同。

3.宋代歙砚的雕工特征是简洁而硬朗，很少用曲线，一般都是长直线，直线用两刀完成，第一刀竖刀直切，走出挺拔坚实的直线；第二刀由外向内斜铲，有些与玉器中的"撤刀法"相近似。这种刀法能

宋代砚台的直线刀法

使砚堂的表面有凸起感，只有在宋代的歙砚中才能见到，百看不厌。这里并不是尊古抑今，明清时期工匠（也包括砚工）的基本功，基本上都体现在剔、雕、镂、凿等时代工艺上，所以越来越显俗气，乾隆皇帝后来称这些花样繁复、无以复加的玉器为"俗样"，更痛斥为"玉厄"，诏令复古。这是宋代歙砚在雕工上与明清各有不同味道的地方。

明代砚台的雕工

清代砚台的雕工

　　说到这里，可能读者已经明白了歙砚究竟应该收藏什么、怎么欣赏这些基本问题，现在的地摊上有时还能看见一块宋代的出土砚台，尽管小，没有雕工，价钱也不贵，建议还是当作宝贝一样买回来珍藏。

宋代歙砚的三种样式

歙砚最早出现在什么时候，并不是这本书所要讨论的问题。但是对于歙砚的几个时代特征的论述，则应该成为读者在歙砚收藏实践中的一个重要的轮廓参考，有助于对"经眼"的歙砚的鉴定与欣赏。我们的切入点从民间可见的宋代歙砚开始。

宋代的歙砚在造型上主要的变化表现在两个方面：

1.砚池的变化。宋代歙砚的砚池变化比较复杂，是砚面的主要装饰构件，其变化样式之多，不能尽数。譬如有横置长方形，这是最简约的砚池造型；有与砚堂相连，或硬折凹槽的淌池砚；我还存有一方宋代罗纹展形砚，砚池呈正圆形，中间雕有一个与砚池等深的立体等边三角形，其设计奇特而富于理性，即使用现代的美学理念进行诠释，这种曲线与直线、圆形与三角形的组合对话，仍然具有一种超现代的美学蕴含。这就是宋代歙砚砚池造型的唯美表现。

2.砚底的变化。宋代歙砚的砚底变化在中国石砚制作史上是最为丰富的，清代端砚的修饰多集中在砚额之上，砚底基本上都处理成平底，这样的处理，一方面便于放入砚盒，另一方面由于工在表面，有利于使用者欣赏。宋代歙砚的砚底造型样式比较常见的可以分为三类：

（1）平底砚。平底砚是宋代歙砚最为普通常见的式样，砚底平整

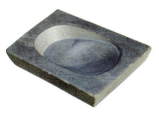

宋 平底歙砚（吴战垒先生藏）

光滑，没有任何雕工，在小型交易场所所能见到的，基本上都是一些平底砚。宋代的平底砚一般用材都比较厚实，开料规整。

（2）屐形砚。屐形砚是从唐代的"箕形砚"演化而来，唐代箕形砚的主要造型特征是砚底尾端有两只尖而窄的砚足，与下凹的弧形砚底形成三角形支撑。而到了宋代，这两只砚足迅速衍化成两只或方柱形、或圆柱形的砚腿，另一个支撑点前移到砚首的底部，形成了类似古代木屐的造型，所以称之为"屐形砚"。屐形砚的特点是后高前低，墨汁自然前流，贮入砚池。

（3）抄手砚。宋代的抄手砚其实就是将屐形砚的砚腿改成砚墙，砚腿之间的空隙改成具有一定深度的弧形，在取置砚台时，手指可以探入半圆弧中，所以称为"抄手"砚。早期的宋代抄手砚造型特征是两侧砚墙向下渐收，形成砚面宽、砚底窄的倒梯形。中期以后的宋代抄手砚基本上以长方形定型，砚墙加高，仍具有上宽下窄的倒梯形造型，砚池变窄小，与砚堂的距离稍微加大。

宋 罗纹屐形歙砚

宋代歙砚的造型简单分析，就是这样的几种，在具体收藏的实际操作中会遇到更为复杂多变的样式，只要掌握了基本的规律要点，还是可以识别的。

明代的抄手砚有什么造型特征

明代虽然不见有歙石的开采记录，但是有符合明代制砚特征的歙砚传世，这里不排除沿用了宋元时期遗留下来的旧砚石。即使现在，据说一种叫"柴林石"的歙石，就是在宋代歙石开采区灌木丛下面的土层里，掩埋着一些当时开采的砚石，这些砚石有可能是当时剩余的材料，也有可能这里是开采后的石料贮存点。"柴林石"的内容比较杂，什么坑口、石品都有。可见，明代尽管没有继续开采歙石，但不能排除歙砚的制作可能。明代的抄手砚样式并不仅局限于歙石，更为常见的还是端砚，这里仅将这个时代抄手砚的样式特征做一简单的描述。

明 抄手歙砚（吴战垒先生藏）

我们知道了宋代抄手砚的造型特征主要是砚墙下收，形成面宽底窄的式样。对比一下明代抄手砚的样式可见，明代抄手砚是在宋代样式基础上发展起来的，带有明显的宋代抄手砚的设计因素。样式特征主要是：

1.砚墙上下垂直呈90°，这是与宋代抄手砚的最直观的区别。

2.宋代抄手歙砚砚面一般多呈宽边（少数是窄边）；明代的抄手砚

的砚边都较窄，使砚堂显得宽大。

3.砚池的宽度较宋砚窄，往往与深度相近，仅可横卧一只手指，所以称之为"一指砚"。

4.宋代抄手歙砚的砚边是一条直贯天地的直线，明代的抄手砚砚边有变化，砚池部分的砚边要宽于砚堂部分，形成了砚边的上宽下窄的变化。由于砚池是在砚额处，所形成的三条宽边像门一样，所以这样的抄手砚又称"玉堂抄手"。

5.宋代的抄手砚砚背的抄手雕制粗糙，刀痕历历可见；明代的雕工处理较细致。

清代的传世抄手砚数量比较少见，基本上是偶一为之的思古，在样式上延续了明代的风格，只是增加了繁复的雕饰装饰，没有形成制砚的主流风尚，这可能与抄手砚的用料奢侈有关，如果从对砚材的使用数量上看，大概一件抄手砚可以制作2～3件平底砚，抄手砚在清代的迅速式微，不能不说是对砚石资源的最大的节约。如果从这个意义上来说，收藏抄手砚要比收藏一般的平底砚更具稀有性。

歙砚的收藏为什么要以宋代为主

我在前面曾经反复强调，收藏歙砚，一定要把重点放在宋代，这不仅是因为前面所欣赏的宋砚雕制的刀法、造型都很美妙，一些设计至今仍具有前卫的艺术地位。当然，这些都是人为的后天因素。更重要的是在材质上，宋代的歙石与清中期再度开采的歙石已经具有了品质上的差别，那么现代的新品歙砚材质更是与之毫不相关。这一点任何一位有过将宋代、清代与现代三种砚石并案比较经历的人，都会产生同样的认识。请注意，我在这里没有对这三个时代的砚石进行优劣的评骘，相反，我以为歙石材质的古今不同，至少是矿带位置变化所造成的时代材质特征，各有优劣，譬如宋代歙石细腻无比，但是石色灰而少精神，偶见的石品也不能提高砚台整体的价值；现在的新品歙砚，质地稍粗，而颜色青碧，石品的色彩绚丽。这是比较客观地对古今歙石的评价，如果从收藏的视角来看，宋代的歙砚毕竟经历了近千年地上地下的传承，存世量很少，本身就具有无可取代的历史讯息，符合"物稀为贵"的收藏原则；现代的歙砚尽管漂亮，但存世量很多，再过千百年肯定属于古玩，但现在不行，只能算一件工艺品。作为文房用品，也许是一件很好的砚台，如果跻身于"收藏"（这里指古砚台的收藏），那肯定不行。这与砚台本身无关，是收藏规律所决定的。

宋 蝉形歙砚

宋代是使用歙砚的最为兴盛的历史时期，历史上有不少宋代的歙砚被发掘出土传世。在古砚的收藏者中，也有一些具有典型的宋代制砚风格的出土歙砚被收藏。但是，由于两宋时期对歙石的过度开采，直接导致了宋元两代石坑的坍塌，直至清乾隆以前的近500年间，歙石的开采基本处于停顿的休眠状态。从这个意义上说，自元代至清中期的歙石开采处于真空期，虽不排除间或的制作，但不能形成一定的规模，这是歙砚收藏中的关键一点。同时也标示着歙砚的存世量的问题，经过了横跨元、明与清初这三个历史阶段歙砚制作整体的休眠，宋代歙砚的存世量一定少于之后的端砚。

通过我们的对比发现，出土的宋代歙砚与清中期以后乃至现在的新品歙砚，在质地品质、观感手感上不完全一样，几乎不能凭感官来认定属于同一类石种。宋代出土的歙石极其细腻平滑（当然，细腻平滑的手感与端石有所不同），而清代、民国以后的歙石手感略显粗糙，绝对不是宋代苏东坡所形容的那样："涩不留笔，滑不拒墨；瓜肤而觳理，金声而玉德。"对于这一点，《古玩指南》的作者、民国时期的著名收藏鉴赏家赵汝珍先生早有注意，并对此有过比较极端的论述，在《古董辨疑·古砚辨》中，有过这样的文字：

今日砚商，每遇砚之粗劣不类端者，便谓"此歙石也"，一似歙石之次于端也；一似歙石之今日尚有出产者。岂知歙石之名贵，并不次于端溪。歙石在宋时已不可得，岂今日尚有歙石砚乎，是诚胡说也！据《歙县志》载："唐侍读《砚谱》云：二十年前，颇见人用龙尾石砚，求之江南故老云，昔李后主留意翰墨，用龙尾砚，为天下之冠，当时贵。自李氏亡，而石不出。亦有传至后世者，但为数极微。景祐中校理唐仙芝守歙，始得李氏取石故处，其地本大溪也，常患水深，工不可入。仙芝改其流，始由别道行。自是，方能得之。其后县人病其需索，复溪流如初，石乃中绝。后邑官复改溪流，遵前公故道，而后所得，尽佳石也，遂与端石并称。"但地域狭小，产石不多；经宋采伐，佳石已绝。以后所产，皆龙尾之支脉，并非真歙石也。元明而后，虽支山亦无产砚材者。今之所谓歙石，无一真物，不必

辨也！

同时，在他的《古玩指南·砚》中，关于这个问题讲得比较具体：

> 以上各石之佳者（案：指歙砚的石品，如金银星、罗纹、眉子等），在南唐时即已取竭，至宋时，即无有再得之者。今则歙溪早成一片荒墟，徒为历史上之陈迹。虽偶有在歙溪附近采得者，亦不过与普通之砚石相同，只可供俗子之研用，与唐、宋以前之珠宝其质、金玉其音者，迥不相牟矣。

> 且宋以前产砚之地全国以此为中心区，多数砚石皆给于此。故在宋时佳石已绝迹。以后所产。或出自附近岩溪、或其他溪石冒充耳。

赵汝珍先生的这段振聋发聩的凿凿直言，确实说明了出土的宋代歙砚与其后歙砚在材质上的根本不同，这些，我们仅通过照片就能够感觉到。这里之所以提出这个问题，是要引起收藏者对出土宋代歙砚的高度关注，尽管出土品外观生涩，没有端砚漂亮可人，但是，每一块真正的宋代歙砚，都会是难得一见的古砚珍品，因为真正婺源龙尾山的砚材早已彻底的枯竭了。我们在比较大型的古玩市场上，有时可以见到一两方真正出土的宋代歙砚，但是由于多是薄小而且制作粗糙的抄手冥砚，往往引不起收藏者的兴趣。这里有一方宋代的生坑小歙砚很有品味，砚长10.7厘米，宽6.5厘米，厚0.8厘米。这是一方罗纹砚，砚面除隐

明 抄手歙砚（吴战垒先生藏）

约两条纵贯天地的黑线外，几乎看不见任何石品，质地非常细腻，而砚底则是典型的罗纹石品，上面闪烁着绢云母质的星光，砚面、砚底完全判若两种坑口。比较令人惊奇的是，砚底的罗纹石层很薄，不超过0.1

厘米，很像是一块石板贴上去的，在砚底的下部自然撬开，里面存有细土，说明这块久埋土中的小砚台石层发生了剥离，这大概就是沉积岩的

宋 罗纹歙砚局部

一种特征，而出现在砚石中，则不能不说是一种罕见的特例，同时也说明了大畈方坑口的罗纹砚石在宋代已经相当稀罕而珍贵了，匠人惜材如金，才将带有很薄的一片完整而清晰漂亮的罗纹石片保留下来做砚底，从而用实物印证了上面赵汝珍先生关于宋代歙石"佳石已绝"的断言的正确性。观这块砚底罗纹的颜色呈浅银灰色，上闪云母星光，与现在新眉纹歙砚的颜色完全不同，只要见过宋代的真品，就很容易区别。有朋友看了这方小歙砚，怀疑底面的罗纹是不是后粘上的，我坚决否认，因为要制成厚度在0.1厘米的一片石片，在宋代的工艺难度远高于制作一方雕工复杂的砚台，即使有这样的工艺也不可能用在这样一方简单的砚台上。

玩宋代的砚台，一般都要讲究造型上的独特，或做工用材的宽大，所以那种"不入流"的真正宋代歙砚交易价格往往比较便宜，建议初涉古砚收藏的读者千万不要轻易地放弃这样的机会，当墓穴枯竭的时候，这些现在不起眼的小歙砚，就会成为想见一面都难的珍品。

歙砚的石品

　　歙石的历史与端石不尽相同，它的特点是使用高峰期早，中间有较长时间的开采断代，同时，近现代的歙石与唐、宋时期的坑口、矿带不完全一样，所以导致了坑口的同名异化。譬如罗纹坑，现代歙砚的罗纹坑与宋代根本就不像是同一坑口的材质；从石品上讲，现代的金星与宋代的金星也有较大的区别。所以对于歙砚的坑口、石品，只能掌握比较常见的几种，不可能面面俱到，甚至也不能达到端石的明确程度。如果真的想更深入、全面地了解古代歙砚，那就要进行专门的研究，阅读有关歙石开采区域地质方面的专著与清代传拓的历代歙砚砚谱，那又是收藏以外的另一种功夫了。

　　歙石的坑口主要的有10个，即：罗纹坑、眉子坑、金星坑、里山罗纹坑、溪头坑、水舷坑、水蕨坑、叶九坑、碧里坑、济源坑。现在人们多将罗纹坑、眉子坑、金星坑和水舷坑这四个坑统称为"老坑"。

　　1.罗纹。罗纹是使用面积最广、分类最复杂、最常见的一种歙石，在宋代歙砚中最常见的就是这种质地。所谓"罗纹"，是指一些金属矿物质在砚石中排列堆积后，形成的像罗（绫罗绸缎的"罗"）一样的细密纹理，尽管排列的层次有粗有细，排列的经（或"纬"）线有平直与弯曲，古代的文人都给它们起了恰如其分的名字，譬如：粗罗纹、细罗纹、刷丝罗纹、金花罗纹、金晕罗纹、金星罗纹、算条罗纹、角郎罗纹、瓜籽罗纹、泥浆罗纹、古犀罗纹等。其中尤以细罗纹、泥浆罗纹、古犀罗纹、刷丝罗纹价值最高，也最为难得。特别值得一提的是在宋代出土的歙砚中，泥浆罗纹砚是比较常见的，泥浆罗纹的颜色灰黑，质地很细腻，但是硬度比较低，有泥质的感觉，在实际收藏中，应该特别注意。罗纹一般分布在水舷坑、大畈方坑、碧里坑、鱼子坑、罗纹坑、里山罗纹坑等坑口。

歙石 罗纹

2.眉纹。眉纹又称"眉子"，在底色青黑的砚面上，出现横向弯曲的眉形色条。分为对眉子、大眉子、锦簇眉子、绿豆眉子、鳝肚眉子、金花眉子、金星眉子、金晕眉子、短眉子、长眉子，主要分布在眉子坑、水舷坑、紧足坑、叶九坑、水蕨坑、外庄坑等坑口。

歙石 眉纹

3.金星。金星是一种呈金黄色点状的石品，分布在青黑色的砚面上，在高位颜色的反差下，显得很具有堂皇的气度。金星是最受历代收藏者欢迎的石品之一，同时，收藏价值也是同等水平歙砚中最高的。金星大体分为：金钱金星、云雾金星、雨点金星、水浪金星、葵花金星、凤眼金星、鱼子金星、大金星、小金星、雨丝金星。金星主要出自金星坑、水舷坑、济源坑、外庄坑、紧足坑、碧里坑等坑口。

4.金晕。"晕"的字意本指太阳或月亮的光线在透过云层的冰晶时出现的折射光圈。歙砚石品中的"金晕"就是砚石中矿物质在渗化作用下形成的金黄色片，有些类似于日月光晕。欣赏金晕的收藏者们往往通

歙石 金星

过不规则的片状形态，联想到自然界中与之对应的一些事物的名称，这与欣赏雨花石有些相类似。金晕的名称比较常见的有云气、鹤舞、湖中寒雁、长寿仙人等。需要说明的是，金晕的形状完全是自然形成的，名称是后人根据自己的观察所命名的，不可能像金星等石品那样有比较明确的样式规定，如果能够收藏到一块带有金晕的歙砚，自己可以根据形状起一个雅称。金晕一般分布在金星坑、水舷坑、紧足坑、水蕨坑、碧里坑、济源坑、外庄坑、大畈方坑、鱼子坑等坑口。

5.鱼籽。歙砚中的鱼籽石品是在砚面出现比较密集的细小黑斑点，就像鱼籽一样。鱼籽石品的本身没有什么质量上的讲究，而受到收藏者高度重视的，则是产生鱼籽的歙石地子颜色。常见的鱼籽地子颜色有这样几种：

（1）鳝鱼黄，又称"鳝肚"，石色偏黄如鳝鱼的腹部。

（2）鳅背，石色呈青灰，好像泥鳅背。

（3）茶叶末，石色青绿，或偏黄绿。

（4）鱼籽金晕，是两种石品的复合，在鱼籽中含有金晕。

鱼籽的分布坑口有桥头坑、叶九坑、济源坑和眉子坑。

歙石 鱼籽

清 鱼籽纹歙砚

澄泥砚与石质砚的区别

澄泥砚严格来说，与上面的端砚、歙砚有着本质的不同，它是用泥做的，外面不挂釉，所以应归属在陶器的范畴之中。澄泥砚的制作过程比较复杂而漫长，据说是将目数很大的纱袋放到河里（根据古代澄泥砚的制作名地山西绛州和河南的虢州分析，大概是这两个地方的河泥最好），经过很长时间的过滤，纱袋里面贮存了颗粒极其细小的泥沙，取出阴干后，用竹刀切制成砚台的设计造型，再雕出纹饰，定型后用墨蜡等涂在外面熏蒸，最后入窑焙烧而成。

上面的这些澄泥砚简单制作过程，我也是道听途说，不少的有关著述都有这样的记载文字，而对于收藏者来说，至少可以了解这样几条信息：

1.澄泥砚既然是泥质，那么它就没有石质砚台所具备的一些特征，譬如坑口特征、石品特征、色彩特征等。尽管澄泥砚也可以分出几种不同的颜色种类，但是对于一方澄泥砚来说，其整体颜色应该是统一的，没有明显的变化，更看不到条状、点状、片状的颜色区隔。

清 澄泥砚质

2.澄泥砚的纹饰雕制是用刀在泥坯上实施的，制作澄泥砚的泥沙颗粒相当细小，密度很大，焙烧前的泥坯质地可雕但不松软，很适于精雕细琢，在很细的纹线上，也能雕刻出各种弯曲造型，意连、刀连、线连，所以澄泥砚的雕刻取一种阴柔的审美在其中。而砚石质地坚硬，用刀必然带有铿锵的金石韵味，尽管雕凿后附有打磨工艺，可以磨去棱角，终不能改变斧凿的痕迹。

清 澄泥砚雕工

3.泥砚尽管经过了焙烧，其硬度与砚石相比，仍然有着一定的距离，所以收藏古代澄泥砚，观察其磨损状况是相当重要的，按照正常的规律，澄泥砚的磨损状态与石质砚台不太相同，痕迹比较深而明显，而且磨损并不仅仅局限于砚堂，包括砚边、砚墙、砚底都应有程度统一的磨损，而且是合理的磨损痕迹。

上面的这三点，就是怎样区别澄泥砚与石质砚的基本点。

清 龙纹澄泥砚

澄泥砚的收藏

根据记载，澄泥砚至少在唐代就已经大行其道了。宋代李之彦在他的《砚谱》中说：

　　虢州澄泥砚，唐人品砚以为第一。

古代的虢州就是现在河南省的灵宝县，同时，唐代还以绛州所产澄泥砚为佳，绛州就是现在山西省的新绛县。也有人认为唐代的虢州就是绛县，这里不做讨论。澄泥砚的"砚品"讲究不如端、歙砚那样复杂，主要看砚体的呈色。由于泥质中含有的微量金属元素量不同，烧成温度、还原气氛、环境都有所不同，所以就分别出现了以黄、红、青三色为主要色调的颜色，传统的收藏将朱砂红、鳝鱼黄、蟹壳青、豆绿砂、檀香紫视为上等的颜色，而其中的朱砂红、鳝鱼黄尤为最佳，蟹壳青稍差，玫瑰紫等颜色次第下排。

清　鳝鱼黄澄泥砚（吴战垒先生藏）

澄泥砚毕竟属于陶器的范畴，使用的磨损率远高于石质的砚台，因此，现在所见的唐、宋澄泥砚传世品的数量都很少，基本上属于生坑出土器。出土的澄泥砚可以分为两种：一种是逝者生前用过的砚台，这种砚台尚能保存古代常规的制作形式；另一种是用来随葬的冥器澄泥砚，这种砚台很少见，具有一定的收藏价值。

通过对比我们发现，明清时期的澄泥砚与唐、宋时期的作品有着很大的不同，如果能将这两个时代的澄泥砚并案比较，就会发现不同之处不仅在于后者的样式设计复杂，与唐、宋简朴的风格有着明显差异，而且从原材料的配方到成型工艺，以及质地的制作处理、烧制工艺，都能在成品上反映出时代的区别。如果这种对比结果成立的话，那么，古代澄泥砚的收藏也要与歙砚的收藏一样，最好分出唐、宋与明清的时代界限，而且尤其应注重于对唐、宋砚的搜集之上，因为唐、宋澄泥砚的存世量实在是太少了。

收藏一方澄泥砚，首先要识别其新旧。比较直观的方法是侧光观察砚体上是否有闪光的金属点，因为澄泥砚焙烧后坚实细腻，不易发墨，所以古代的匠人又在澄泥料中羼杂了适量的细小金属颗粒，以增加摩擦系数。当然，这仅仅是一种普遍意义上的参考，决不是有闪光小点就一定真的；没有就一定假，鉴定不是那么简单，还要根据其他条件来综合判断。

现在古玩市场上经常可见仿明清澄泥砚，或新制品（不是做旧的赝品），这种新砚与古砚的区别在于：

1.由于澄泥的质量的不同，导致重量上的差异明显。

2.新品（不是做旧的赝品）基本上不掺有闪亮金属微粒，在阳光下可以辨别。

3.新品质地不如古代澄泥砚细腻，结构也欠坚密，直接的表现就是重量轻。

4.仿古、仿旧澄泥砚的刀痕清晰，没有自然的磨损。

由于澄泥砚尚未被更多的收藏者所认识，仿制者对此不敢承担更高的风险投入，所以新制澄泥砚与古砚至今存在着比较明显的鉴定差别，只要见过古砚真品，一般不会上当受骗。

清 澄泥砚

清初 玉兔望月澄泥砚

清 竹节纹澄泥砚

从材质上鉴定古砚

　　初涉古砚收藏的人往往对于经手砚台的断代不知所从，因为砚台的宏观颜色单一，没有更多明确的时代特征作为参照。这就要求在收藏古砚的伊始之际，必须具有辨清砚材品质的基本功夫，只要材质、石品的特征不存在疑问，就一定是那个对应时代的砚台。因为砚材的开采是按照年代来区分层次的，开采年代越久远，砚石的层位越靠上、靠外；同样，开采年代越晚，石层也就越靠下、靠内。就好像一叠码放整齐的10片饼干，吃的第一片一定是最上面的，而吃到的第10片在时间上也一定是最晚的。如果这10片饼干有10种深浅不同的颜色，那么，尽管吃的

清 水牛纹歙砚（吴战垒先生藏）

是同一叠饼干，第2分钟吃的第3片与第5分钟吃的第8片颜色肯定不一样。如果同理于砚石的开采上，宋代的歙石与清代的歙石就如同第3片与第8片饼干一样，有经验的鉴定家，既能从砚台的形制、雕工来判断制作年代，同样也可以从砚台所表现出的材质特征断代，如果这二者能有机地结合起来，断代辨伪的效果会更加准确。同样是歙石，宋砚的形制不会出现在清代的石质上，而清砚一般也不会出现宋代的石质特征

（例外的是宋料清工）。这就是通过辨析石材来断代的方法。现在在比较大型的古玩交易场所或拍卖会上，有时可见具有宋代造型特征的抄手砚，不用看标签，仅从石质上就可以知道是清代的仿古，因为清代的端石、歙石都与宋代有明显的区别。

明 歙砚（吴战垒先生藏）

砚台收藏的一般技巧

　　关于砚台时代的断定，这是一件很复杂而又简单的事，最重要的是要看真品，没有见过某个时代的真品，就不能对这一时代的作品进行系统的判断，这是砚台鉴定重要而且是必须具备的前提。其次，还要从下面三个方面对被鉴定的砚台进行观察，从而得到较为正确的判断结果。

　　1.判断砚台的新旧，首先要看砚台雕饰的刀口。古砚由于长时间的使用擦拭，刀口往往漫漶而不锐利，这种不锐利表现在刀口的平面与立面，既不是平面打磨后的效果，也不是将角线打磨圆滑的感觉，没有谁会投入如此大的人力成本仿造古砚，所以，观察刀口的自然状况，是判断砚台新旧的方法之一。除了观察刀口的自然状态之外，各个历史时期的用刀都保留有鲜明的时代特征，譬如宋代雕砚的用刀，线条勒入石面浅而爽利干净，不拖泥带水，有一种挺拔的力度含于其中，绝没有反复

宋代砚台上的阴线

修饰的痕迹。清代砚面装饰的曲线多，转折圆润，具有与玉器一样的高质量。现代的雕工用刀也有很优秀的作品存在，用刀表现为较清代更为

规范，纵横转折自如连贯，不少作品的线条可以代表着现代制砚的高端水准。之所以与宋代、与明清的线条质感有不同，那是由于古今琢砚的工具、工艺不同，表现出的味道也就不完全一样，绝不是现代一定不如明、清，明、清一定不如唐、宋，如果真的是这样，砚台一定不会传衍到今天。古今的不同是客观的存在，我们欣赏宋砚，是因为它的稀少，它的简约，它的前卫设计，而欣赏现代砚台，则缘于它的漂亮，它的时代气息。"不薄今人厚古人"才是真正古玩收藏者所应共同遵循的原则。

清 蜘蛛纹

2.观察砚台的包浆与墨锈。包浆与墨锈其实都是附着在砚表面的附加物质，包浆是一层氧化膜，氧化时间越长，包浆也就越厚实，而包浆的有无与包浆层的厚薄所表现出的光泽感相差很大，目前人工造假只能缩小两者的距离，却没有办法完全消除这种差异，经常观察真品的人一般不会上当，这种辨识感觉用文字根本不可能讲述清楚，一定要有过不断发生新旧对比的经历，才能有所感知。至于墨锈，是积年用墨清除不净、逐渐积累的墨层，一般的规律是砚堂中心部位基本上光洁，积墨逐渐向四周散发，至砚堂的根部最厚，积墨难除，形成墨锈。墨锈的存在固然可以成为断代的有力根据，但是，没有墨锈并不等于否定了古砚的传承历史，所以我认为，墨锈只能作为判断砚台新旧的辅助证据，而不能上升为主要的依据。

清　砚池中的墨锈　　　　　　　　　明　砚堂中的墨锈

　　3.用基本造型作为鉴定依据。我认为唐、宋时期各种古砚造型特征在于简朴，实用为主，展现时代艺术的装饰是次要的；明代的制砚风格则是用料厚重，砚形宽大，尚未走到清代华丽繁缛设计的地步，但却是砚台设计制作风格变化的转折时期；清代注重雕饰设计的效果，作品灵动俏丽，把玩、欣赏至上的制作意图被表现得十分强烈。一方砚台的每

清　庄有恭端砚　　　　　　　　清　庄有恭端砚边款

一个部位设计制作，都体现着匠心独具的运用，且一丝不苟。比如这方清代乾隆时期的端砚，砚主人是乾隆登基后的第一位状元庄有恭，广东番禺人，官至福建巡抚。史载庄氏为官清贫，所用砚台的石质欠精，但是砚底、砚墙的雕工，真正体现了乾隆时期制作的精神，无论是字体书法，还是图案设计雕琢，无不在严谨中流露出欣赏把玩的高境界。

怎样欣赏古砚

对于砚台的认识是一种能力，而能够品赏把玩，则是一种修养。有些欣赏的讲究前人已经教导了我们，比如对砚品的观察欣赏，对造型设计的审视；而有更多的内在含量，还要靠收藏者根据不同的审美能力来自我开发。换言之，除了大家都知道的欣赏点之外，每个人还要有每个人的玩法，比如下面这块端石砚板，基本上具备了老坑端石所具有的石品，板面上的火捺、鱼脑冻、朱砂斑、翡翠斑俱全，是很少见的上佳

清 端砚砚板　　　　　　　清 端砚砚板浸水效果

端石。在欣赏时，我常常借鉴雨花石的观赏方法，将砚板浸在水槽中，各种石品尽显其中，得到非常奇幻的观赏效果。而对于明清或更老的砚台，就不能这样用水浸泡，以免损伤砚上的墨锈。下面这方清代雕制的仿汉瓦端砚，雕工设计古朴简单，一反清代的华丽风格，属于很少见到的返璞作品，我们的欣赏点在于这方砚台的设计是经过了由繁而简的皈

清 古汉瓦形端砚

依过程，虽然从表面看是一种升华，但砚面设计元素相互关系的厝置位置，砚堂与底边、砚堂与天头的聚散、争让关系，其实很讲究，具有明显的设计理念左右其中。这方仿汉瓦端砚，是有别于同时代作品的特例。

再譬如这方作为冥器的澄泥砚很重要，极少有发现的报告，所以我曾请教了数位鉴定古砚的专家，认为可能是唐代的冥器。由此我可以想象，在李太白举杯邀明月的时候，不仅有追着村童讨还茅草的老杜，还有文墨一生，最终以如此粗劣的泥砚相陪而终的那个无名的可怜书生。在新旧两《唐书》中，没有记录这种下层读书人的贫困生活的文字，却在这方小小的冥器砚上，补写了唐史中的另一个社会层面。这方冥器澄泥砚不仅具有收藏上的价值，还存在着更为丰富的历史价值。

唐 澄泥冥砚

砚台收藏中的名品与名人

　　砚台的收藏，就是砚台本身所具有的石质和石品的收藏，这是最基本的着眼点。当收藏砚台的数量和质量都达到了一定规模的时候，就会产生更高层次的藏品需求，而古代砚台中的名品、名人，就是最高追求的两个方面。当然，有些初涉古砚收藏的人，品位很高，上手就对名品、名人重点关注，在长期的不间断的收藏实践中，也会得到很好的藏品回报。问题是这其中的一些关系应该梳理清楚，才不会走弯路。

　　古代砚台的收藏，一定要以石质、石品为第一标准，这是一个铁的定律。如果你不是从事研究，而是纯粹的收藏，那么一方砚台的历史再悠久，如果石质、石品在藏品所对应的那个时代处于中等偏下的水平，你就应该考虑是否入藏，或入藏的价格。譬如前面的那方唐代澄泥冥砚，尽管绝无仅有，可以填补一定的历史空白，但仍然不适合作为收藏品收藏，因为它所具有的，仅仅是文物的标本价值，而缺乏相应的收藏品价值。这里需要注意的是，一定要让待藏品与其所处的时代水平做横向的比较，譬如宋代的端砚待藏品应与宋代端砚的总体水平相比较，而不能与清代端砚做纵向比较。如果代藏品的石质偏低或低劣，尤其是现在市场上有不少晚清民国时的学生用的小端砚，尽管按年份也较"老"，但那不是收藏级别的老砚台，价钱再低也不能入藏。

　　石质、石品是一方砚台的自然价值，质地好、石品好都是自然生成的，带有很大的偶然性，所以在实际收藏过程中，得到一方集二美于一体的名品相当困难，人们不得已将这种可遇不可求的机遇看成是人与物之间的"缘分"。

　　而一方古砚的人文价值往往体现在两个方面：

　　1.古代名人用过的砚台。凡是古代名人用过的东西（不仅仅是砚台），在今天都是具有不同历史价值的文物。砚台更是如此。不少人把古代名人与藏品本身的质量联系起来，认为凡是古代名人使用过的东西（包括砚台）都是材质、做工俱佳的精品，其实这是一个认识上的误区。现在的名人一般都是生活优裕的富人，而古代不少名人都是身后名的寿世者，生前落魄穷困，譬如明代书画大家徐渭，是一位大写意的旷世奇才，一生穷困潦倒，身无长物；清末民初的大书画家蒲华，书画潇洒率真，开一代风尚，艺术成就决不在吴昌硕之下，他贫瘠一生，身后所余，不敷安葬之用。在历史上，这样的名人很多，他们虽然以书画为生，但是所用的砚台，绝不是现在收藏水平中的上品。而古代享世的阔绰名人，多是为官者，譬如文徵明、董其昌、王石谷等，这些人的用品一定是工料精绝的佳品。所以，在对待刊有名人款识的砚台时，要注意名人身份与砚台质量的统一关系。带有名人款识的砚台，只要款识真，就具有超水平的收藏价值。那么，怎么样识别名人款识的真伪呢？我的经验至少可以从下面这三个方面着眼：

（1）砚台的质量与该名人身世的对应关系，上面已经讲过，不再赘述。

（2）款识的书法风格及其优劣。一般人使用的砚台，上面镌刻的文字有可能是制砚工匠所为，即使现在的砚台，也常见这种工匠字。而名人的砚台上面如果有砚铭款识，一定是本人书丹，或由其所敬重的文人执笔，即使是后人写的砚铭，也一定是文人所为，书法必定带有鲜明的个人风格特征，如果书法平庸，或者尚不入流，那么款识肯定不是真名人的。譬如当代篆刻巨擘韩天衡先生藏砚，砚铭多是由先生自书自镌，或见由海派书画前辈唐云先生的题铭，这是正常的；如果见到砚铭书法很不入流的一方砚台，直称"百乐斋"（韩先生的斋号）藏砚，那肯定是赝品无疑。

（3）砚铭的字口、笔画内的状况。古代砚台是一种实用文房用具，每天都在使用过程中磨损，所以字口不应该呈尖锐状，同时，笔画两侧壁面的包浆也能大概表明文字的刻制时间，当然作伪者一定会采用伪装手段，但是终究在细而窄的线条内做旧，不是一件简单的事，所以还是可以找到纰漏的。

2.古今名人收藏过的砚台。古今收藏砚台的名人虽然不多，但是影响很大，清代乾隆的《西清砚谱》，纪晓岚的《阅微草堂砚谱》，近代藏砚名家徐世昌拓有《归云楼砚谱》，许修直号称"百研（砚）室"。这些藏砚名家的藏砚具有很高的出身，砚台身价大大超出了砚台本身的原有价值。现在有不少砚台都是按照上面砚谱中的样式、砚铭、款识伪造，这对于收藏者来说，蒙骗力很大。作为一般水平的收藏，千万不要指望着能收到一方出身高贵的名砚，这几乎不可能。即使遇到，想要收藏，首先最重要的是找到原砚的砚谱拓片，千万不要与印刷品比对，只有与原拓片对照，才能分析出细微处的一致或差别，因为做仿品不可能用原砚的拓片做样子，这就是最根本的区别点。如果找不到原拓片，宁愿放弃。

清 汪节庵收藏款端砚

古代砚台的实物讲解：宋 细罗纹屐形歙砚

宋 细罗纹屐形歙砚

　　这是一方宋代早期的细罗纹歙砚。运用我们讲过的一些知识，可以这样分析：这方砚台的总体造型是前低而后高，前端着地，与后面的两条砚足形成稳定的支撑状态，唐代的"凤"字砚是砚的中间着地，这是一种改进。砚台的后端有两条圆柱形砚足，是典型的宋代造型。这方砚台的砚堂约占砚体的3/5，窄砚边，与砚池不相通，形成了门形。砚池的造型是圆池中立雕正三角形，上附单阴线正三角形，属于几何重叠造型，即使现代欣赏，仍感觉前卫。从雕工来看，门形砚边的用刀采用了一刀直切、一刀斜铲的方法，斜面窄而深，深度、宽度一致，说明了

细罗纹屐形歙砚中的三角形

125

规范而严谨的制砚工艺，砚池的细阴线三角形线条肯定，浅而直，同时正三角形的三个夹角都相等，这是依靠纯手工很难做到的。说明了这方砚台制作的精细程度。我们常见的宋代砚台普遍造型相对简朴，像这样的立体装饰砚池的宋代歙砚，属于罕见的作品。从砚石来看，石色青灰细腻，没有石品，应属于罗纹坑口。

宋代的歙砚除了最简单的造型外，相同造型的比较少见，或多或少都有些变化。譬如比较常见的是淌池砚，多在砚池中凸雕一个小纹饰；或者砚池与砚堂分离，在砚池的周围设计出剔刻的纹饰，尽管纹饰不同，但是设计理念和方法是相同的。所以像这方宋代歙砚的砚池设计，就属于罕见品，应该多投入精力搜寻。

古代砚台的实物讲解：明 竹林七贤端砚

明 竹林七贤端砚

这方明代的竹林七贤端砚材质是典型的明代老坑精品，观察砚堂所表露出的材质可见，砚石呈深紫红色，由于砚台的年代久远，长时间未经使用擦拭，致使表层包浆厚重，砚石颜色凝重，这是真的"旧色"，读者可以对照一下现在的仿旧砚台，就可以感觉到砚台表面真假包浆的不同所在。从砚台的正背看，正面的石眼在右上方，巧雕为一轮明月；背面的石眼在右下方，形成高低眼具全的整体自然布局，天造地设，决不是人力后天所为。

明 竹林七贤端砚老坑紫色

这方砚台的砚额雕的是魏晋时期的竹林七贤，我们不管其内容如何，从雕制的刀法上看，这方砚台雕工用刀很有力度，表现在用刀肯定不含糊，可以观察右上角的山石与砚堂上端的溪石，用刀完全是玉器中的一面坡的斜刀法，概括力很强，没有过多的细线修饰。再看人物衣褶，长短阴线结合，用刀不多，能把衣服的自然下垂状态表现出来，这种概括力强的用刀风格，就是明代的雕工特征。相比之下，清代的雕工

明 竹林七贤端砚老坑雕工

更显得繁密，尤其在细部，更见刻意修饰的精神，这是明清的区别；而与宋代砚台相比，宋代砚台我到现在还没有见到过带有人物、场景、情节的砚额纹饰出现，区别很明显。

这方明代砚台的时代特征还表现在整体风格大气粗犷，不斤斤于局部的细节处理。所以从雕工的整体上完全可以视为明代端砚精品的标准器。

古代砚台的实物讲解：清 庄有恭端砚

清 庄有恭端砚

这方端砚的砚墙有七字楷书款："乾隆庄有恭家藏"，说明了砚台可能与乾隆年间的庄有恭有关。查庄有恭（1713～1767），据《中国人名大辞典》（商务印书馆1921年版）介绍：

> 番禺人。字容可，号滋圃。乾隆初廷试第一，授修纂，累官福建巡抚……书法圆劲，出入颜、赵间。片楮只字，人争珍藏之。

据说清代广东先后出了三位状元，分别是乾隆时的庄有恭、嘉庆时的林召堂和同治时的梁耀枢，而以庄有恭的建树最著。

那么这方砚台是不是庄有恭的呢？我们可以观察这样几点：

1.砚墙两面款识，一面刻"乾隆庄有恭家藏"七个字款，书法水平

"乾隆庄有恭家藏"收藏款　　　　"石桥"印章款

很高，中宫收缩合理，四周开放潇洒，笔道圆润，有宋元人的味道，应该出自书法修养很高的学者之手；另面小篆仿汉印"石桥"文，明显带有明代流派印的风格，镌刻时间不应晚于乾隆早期。

2.镌刻的笔画间，包浆与表面一致，没有差异，说明不存在后刻的可能。

3.端砚的石质，砚石的坑口特征不明显，石色以深青为主，局部紫红，没有石眼，属于比较普通的端石。

4.刻工，这方端砚属于淌池砚，砚边起墙，光素无工。

值得一提的是砚底的雕工很精细，根据仿古砚台的常见惯例，凡是仿这类大名头的用砚，一般都用上好的端石、石品、石眼俱全，雕工精细繁密，这样可以比单一的好端砚更具收藏价值。这方砚的砚底阴刻一匹马，采用了清代雕琢玉牌子常用的减地手法，利用马体减地后的平滑处理与图面的砂地的对比，凸显出设计的匠心，上面斜刻一行阴文篆书"源怡云阁"。从砚底的整体设计上看，这方砚台应该是一件商品砚，砚底的"源怡云阁"猜想是经销砚台铺面的字号。估计是庄有恭在商店购买了这方商品砚台，后来在砚墙书刻了款识。

砚底局部

从上面的这几点特征来分析这方名人使用过的砚台，可以断定是真品无疑。尽管砚石的品质一般，但是由于出身名门，所以是一方收藏价值很高的古砚。

古代砚台的实物讲解：老坑端砚砚板

老坑端砚砚板（正）　　　浸水效果

老坑端砚砚板（背）　　　浸水效果

　　这块紫红色的砚板是什么坑口的端石，这是古砚收藏者所必须具备的判断能力之一。对于有经验的收藏者来说，一方古砚拿到手，一般都能马上判断出砚台的坑口，而对于初学者来说，大都还没有具备这种能力，所以，在条件允许的情况下，可以将砚台浸入到水中，这样就可以使砚面上的石品完全展现出来。

　　上面的这方端砚版正是采用了这个方法，我们可以清晰地观察到砚面上的朱砂钉、鱼脑冻、火捺纹等，尤其是那一小点朱砂钉，证明了这块砚板的坑口身份是老坑。除了朱砂钉的身份证明作用以外，砚面上还可以看到火捺纹、鱼脑冻等砚石名品。

火捺纹　　　　　　朱砂斑　　　　　　鱼脑冻

清人吴兰修在其所著的《端溪砚史》中有过这样的记录：

道光十三年冬，端州人请开水岩，宫保卢涿州（坤）师许之。然洞水甚难，不能施凿，得片石者珍于拱璧。

至少在清代的道光时期，老坑砚石的开采已经真正到了举步维艰的境地，所以对于较好的老坑砚石，清代中晚期以后多不施雕凿，而磨成砚板，是为了保护砚石的重量与石面上的石品，所以老坑多见砚板。

了解了老坑在清代中晚期的保存形式，同时又了解了观察砚台砚板的方法，在实际收藏过程中，大概就会掌握了观察的一点门道。

作为收藏品，铜墨盒应具备的标准

　　中国传统的书写工具是毛笔，与毛笔相配套的是砚台。而砚台的使用缺陷很多，比较突出的就是不便于储存墨汁与携带，比如在写字时前，一定要研墨（古代比较讲究的读书人，一般不会在砚台里长时间保存研好的墨汁），这样，在离开书房的异地书写时，就显得非常麻烦。而儿童上学的必修课程就是书法的练习，让一个小孩安静地研墨，想来更是一件痛苦的事情。于是，在清代的晚期，不知是谁发明了在密封效果较好的铜盒，中间铺上一层薄厚适中的丝绵，再将研好的墨汁浇到丝绵上，这样，就可以很方便地携带，免去了研墨的不方便。铜墨盒的发明后很快地流行开来，极大地改善了各阶层文人的书写条件，甚至有些人在书房的一般性文字书写都改用铜墨盒，而髫龄学童则是铜墨盒的最大受益者，笔者在上小学的时候，"大仿课"（毛笔字课）用的就是铜墨盒。

　　这里向读者介绍了铜墨盒的历史，主要是想告诉读者，作为收藏品的铜墨盒，第一没有明显的悠久历史传承；第二在文房中所占地位微不足道，不具有砚台那样更多方面的收藏价值；第三最重要的使用价值在于便捷。那么，铜墨盒的收藏标准是什么呢？

　　铜墨盒作为一种事实上的收藏品，它的入藏标准因人而异，可以有各种审美上的要求与挑剔，但是对藏品的基本要求则是统一的。至少要符合这样几点：

　　1.年代的标准。据有人考证，铜墨盒的大概起源时间是在清代的道光年间，20世纪50年代以后，由于完全推广了硬笔书写，所以就不再有规模产品问世（近廿年的纪念品、赝品不包括在内），这样算来，铜墨盒真正的社会历史应该只有一百多年。如果细算起来，晚清时期道光、咸丰、同治期间的铜墨盒基本上没有人见过，不知考证者何据，比较罕见但确有实物的是光绪时期的藏品；而制作的实际时间下限大概应上提到20世纪的40年代末，这样算来，铜墨盒的制作、流行时间也就有七八十年的历史。因此，铜墨盒收藏的年代标准应是第一位的，年份越早，存世数量也就越罕见，这与瓷器、玉器的收藏不完全一样，瓷玉的收藏讲究的不是早晚，而是年份，战国原始青瓷远远达不到清代瓷器的收藏价值，唐、宋玉器也卖不过清代乃至现代藏品，而清代的铜墨盒无论在制作质量上，还是在艺术设计上，都远远超过民国作品，藏品存世数量绝对达到了千不见一的稀见程度，这是年代为先的收藏准则。

清光绪　韩子固刻铜墨盒

2.铜质的标准。这里所讲铜质的优劣，是指在同一个时期内材质优劣的比较，而铜的质量在各个不同的时期，所呈现出标准不一样，不能用"好"与"不好"来进行纵向的比较，这至少是收藏古代铜器的一般道理。譬如清代的铜质钱币，康熙与光绪两个时代制钱的铜质就有区别，代表着两个时代的经济状况与冶炼技术，不能进行材质的优劣对比。同样，在建立铜墨盒收藏的材质标准时，应该在同一时期的条件下作对比，这个标准时期大概可以分为这样几个：

（1）清晚期。

（2）20世纪初至20世纪20年代。

（3）20世纪30年代 。

（4）20世纪40年代及其以后。

上面的这四个标准时期的经济状况变化很大，冶炼技术的不断进步，导致了铜质表现的迅速变化。认识材质质量上的不同，不能依赖于譬如好的铜质为"细腻"、劣的铜质为"粗糙"等文字描写，重要的是在行家指导下的观察与记忆，好的铜质粘手，手感偏重；劣质铜质手感轻，表面凹凸不平，这些感觉还是要建立在切身的感受之上，

一般的读书不能代替上手的感悟。

清晚期 铜质

民国 铜质

3.盒壁厚度的标准。各时期的铜墨盒都有质量高低的区分，一般的规律是这样的：凡是制作质量高的铜墨盒，盒壁都有一定的厚度，重量感明显；质量差的则相反。高制作质量的表现往往具有连贯的表现，首先铜质要好，密度高、质地纯；其次盒壁厚实，只有在这种高投入基础上，才会有精美的设计造型和纹饰出现。具有这种水平的铜墨盒即使是在当时也是有钱阶层的文房精品，善价而估。相比之下的普通铜墨盒，盒壁较薄，手感轻飘，收藏价值自然不高。

清 铜墨盒的厚度　　　　　民国 铜墨盒的厚度

4.造型的标准。铜墨盒的收藏其实就是旧铜工艺品的收藏，在盒体外造型上讲究的是设计样式的独特与加工工艺的复杂，越远离规模化生产，其手工的工艺价值就越高。譬如一个正方形或长方形造型的铜墨盒，由于它的边墙是直线没有变化，完全可以批量化生产；而一个椭圆形或六边形造型的铜墨盒，边墙变化复杂，所以只能用纯手工制作。从收藏的角度来看，后者的制作难度比前者要大，所以收藏价值无疑要高于前者。

清 椭圆形铜墨盒

5.美学的标准。在满足了上面四项标准后，最后要审视的是美学标准，表现在盒盖表面的设计效果与设计者，一般的规律是图案设计高于书法设计，图案设计中山水高于人物、花卉。而名人的书画要高于普通匠人的书画。在民国时期，不少当时的书画界名人参与到了铜墨盒的图案设计中来，如吴昌硕、蒲华、姚茫父、齐白石等，镌有这些名家绘制图案的铜墨盒，在当时的售价就高，现在仍然是难得的藏品。

民国 姚茫父刻款铜墨盒

文房用具

清代铜墨盒的制作特征

　　如果按照我们上面的标准划分，铜墨盒的制作时间至少能分为这样三个时期，即：清代（清晚期）、民国和现代。不管制作时间的先后，铜墨盒都是作为一种纯粹的铜质工艺品而存世的，它的制作工艺简单，鉴定特征也不复杂，主要从三个方面来鉴定：一是铜质的成色质量；二是盒体的制作特征；三是纹饰的镌刻用刀。

　　清代铜墨盒的铜质分为两种，一种是白铜质墨盒，另一种是黄铜质墨盒。毫无疑问，清代白铜质墨盒的藏品档次最高，黄铜质为次。白铜是一种铜与镍的合金，当铜中融入了一定量的镍，就会呈现出像银一样的白色，而且含镍量越高，颜色越白。白铜的硬度远远高于黄铜，其耐腐蚀、抗氧化的能力也在黄铜之上。白铜墨盒在民国时期的藏品比较少见，而且白中闪黄，所以仅凭铜质就可以大概断代。当然，近年也有用白铜仿制的墨盒，铜质的鉴定特征表现在四个方面：

　　1.由于时代不同，冶炼技术不同，铜镍合金的比例、成分也不同，所表现的细腻程度、成色都不一样。

　　2.表面的包浆不同，民国时期的铜墨盒，不管是黄铜还是白铜，经过了百余年的流传，内外各个平面、角落都一定会裹有厚厚的氧化痕迹，这就是所谓的"包浆"，呈自然、均匀状分布，明显与新品仿旧的包浆不同。

　　3.在墨盒的任何一个平面上，由于使用、氧化的作用，包浆下面的地子一定会存在各种颜色上的变化，这种变化是自然地，在颜色变化的色块上，还有变化，这是真品。没有变化，或者变化色块没有变化，这就是"呆板"，就是仿品的特征。

　　4.使用痕迹，铜墨盒在清代至民国是一种很平常的文房用具，在

使用过程中很少有人会倍加珍惜，所以表面的划痕、磕碰乃至磨损是无法避免的，不可能像官窑瓷器一样得到精心的收藏。

同时，墨盒里面保存的旧墨是不大可能复制的，可以提供真实的鉴定依据。

清代铜墨盒的制作特征表现在盒壁的厚度与子口的成型。墨盒壁的薄厚是相对的，一般是用民国时期的墨盒作为对比参照，清代墨盒壁要厚于民国。除了壁厚特征外，子口的制作工艺也是鉴定是否为清代制品的特征之一。通过对盒体与盒盖的连接处子口的观察可见，清代制品子口的制作工艺是整体闷制成型，而民国的子口基本上是折制成型的。这两种子口制作工艺的不同，反映了铜墨盒市场供需关系的变化，闷制工艺表现的是精确与完美，但不适合大批量的社会生产；折制工艺的改进，可以适用于除圆形以外的任何几何形状的墨盒设计需要。主要鉴别点在于闷制的子口在转折处没有接口。

鉴定清代铜墨盒的一个比较"软"的标准，就是观察盒盖上图案镌刻的刀法表现。清代的刻工带有毛笔的书画用笔味道，用笔的顿挫感觉表现明显，主要原因在于：第一，当时的匠人如陈寅生、韩子固等人的书写工具只有毛笔，所以在镌刻纹饰中比较强调毛笔用笔笔势的再现；第二，石质砚台是清代的主要书写工具之一，而铜墨盒仅属于石砚方便快捷的代用品，即使是村学私塾，先生也都要求学生研磨，因此社会需求量很低，纹饰的复制艺术水平也就偏高。这决不是收藏界常见的厚古薄今，对于手工艺品的制作来说，制作数量往往决定了产品的质量，同时，也决定了收藏价值。

清 人物纹黄铜墨盒

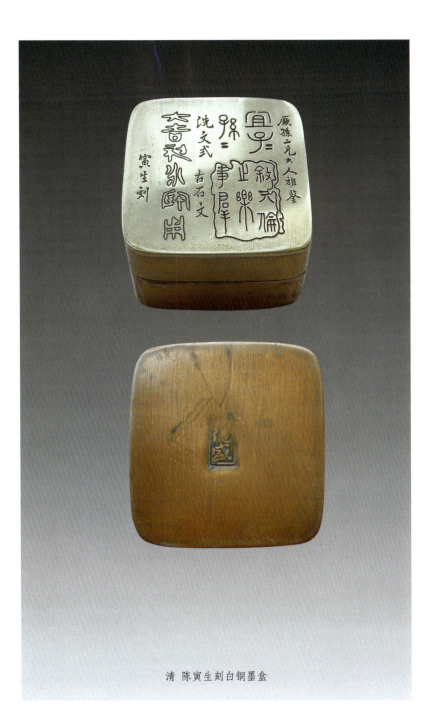

清 陈寅生刻白铜墨盒

民国时期铜墨盒的制作特征

　　民国时期的白铜墨盒存世数量很少，白铜的颜色与清代相比偏黄，大概是镍合金的比例有所不同；黄铜质墨盒较多，颜色黄中偏红，墨盒壁的厚度要明显薄于清代制品，总体规律是20世纪30年代的重于40年代的，制作年代越晚，壁越薄，手感越轻。这一时期铜墨盒的存世量比较多，是收藏者的主要藏品年代，造型多见方形、长方形、圆形和椭圆形，很少见到之外的异形造型传世。子口是用薄紫铜板折制，在盒体的折角处有45°对折的焊接接缝，这是与清代制品的最重要的区别之一。

　　民国铜墨盒的制作目的比较复杂，一般都很直观地表现在了盒盖的纹饰上，从而决定了作为现代收藏的藏品价值，这是收藏者不可不知的常识。归纳起来，制作目的主要有这样几种：一是作为商品的铜墨盒。这类铜墨盒的盒盖上一般是用各种书体镌刻的古代诗词，比较讲究的是一幅山水或人物画，这类作品没有明确的授受文字说明，诗词也多是耳熟能详的古代作品，作品没有明显的制作瑕疵，盒面打磨光滑，子口的剔地平整，子母口的配合适当，现在的藏品由于子口上带有积年的墨渍，所以都会比较紧。另有一路铜墨盒的图案由当时一些著名书画家如姚茫父、陈师曾、齐白石等随手设计，规模较大的南纸局用白铜承制，这类墨盒在当时的售价就很高，现在仍然占据着铜墨盒收藏中的精品位置；二是亲友间的馈赠的礼品。这种墨盒的特征是在盒盖上要镌刻出授受者的名字与关系，属于订制品。这类铜墨盒不管是授者还是受者，只要有一个是名人，其收藏价值就会有很大的提升，譬如齐白石或张大千作为礼物送给某个小学童的，现在都会搭着他们的声望而成为铜墨盒收藏中的极品。只是在鉴定上要相当的

精准，不能是后来的仿刻品。我曾经见到过一方赝品，盒盖上的文字写："张作霖大仁兄雅玩 吴佩孚敬赠"。很显然这是北洋军阀吴佩孚送给奉天军阀张作霖的，仅从这两个授受人就可以断定为赝品，道理很简单，大军阀之间的礼品绝不会是这样一方普通的铜墨盒。至于现在还见到有蒋中正送给邱清泉的、孙中山送给宋庆龄的，五花八门，这样上下款的铜墨盒无一例外，都是赝品，不要收藏；三是重大活动的纪念品。在民国时期，尤其是一些学校举办各种纪念活动，有些是用铜墨盒作为赠与到会者的纪念品，就像现在的一些大型会议的赠品一样。这种类别的铜墨盒除非是重大的社会活动纪念品，一般不含有太大的收藏附加值。正是因为这一特征，所以在市场、地摊等交易场所，经常可见重大的会议纪念墨盒，譬如我就见过盒盖上镌有"国民党代表大会纪念"字样的铜墨盒，盒壁较薄，镌字口刃圆滑，属于现代的腐蚀版，毫无疑问是现代的仿品。在收藏过程中，除了能证明传承身份的藏品以外，凡是作为重要会议活动赠品的铜墨盒，多是现代的仿品，不要轻易收藏。

民国 镀铬铜墨盒

民国 荷叶纹铜墨盒

144

清 章草铜墨盒

新铜墨盒的制作特征

　　这里所谓"新"一般是指近十几年来的制品。在20世纪50年代以后至90年代之间，也许有过极个别的铜墨盒制造以外，基本上没有新的铜墨盒问世。原因很简单，一是20世纪50年代以后，主要的书写工具是硬笔，不需要砚台，即使是老一代的文人，也都逐渐改变了一生的用笔习惯，文房用具迅速地退出了书斋；二是学生的书写完全是硬笔，毛笔的书法练习只是作为附属课程，每周一节课（至少笔者小时候是这样），学生课堂所用五花八门，有用砚台的、铜墨盒的；也有用墨汁的，还有只带一支毛笔，临堂"蹭墨"的。这时的铜墨盒已经不再是小学生的必需品了；三是即使是亲友间的相互馈赠，也是清一色的笔记本、钢笔之类物件。经过这样一个近50年的产品断档，铜墨盒的制造技术到了20世纪90年代，已经与民国有了明显的不同，可以分为两大类别：一类是传统文房用具的制作承接，所做新铜墨盒不做旧，里外双新，上面的纹饰并不回避当代书画家的作品。这类墨盒一般都在正规的文房用具商店经营；另一类是仿清代、民国的赝品，盒盖上的纹饰就像上面所举例的，都是大名头、大活动。这类赝品的内外都做旧，对收藏者的欺骗力较大，多在古玩市场流通。

　　新铜墨盒的辨别应着眼这样几点：

　　1.铜质的颜色不同。由于现代黄铜冶炼技术的飞速进步，导致了铜质纯度的不同，所以最直观的表现就是铜表面的颜色与清代、民国不一样，这是大的冶炼技术环境下的必然结果，赝品的制造者无法左右。那么现代的铜质颜色是什么样子呢？由于这种差距在做旧后的表现不明显，所以不能寄希望于文字的描述，还是要从实物的对比中得到感性上的认识。

2.图案纹饰的字口感觉不同。清代、民国的图案纹饰是匠人用钢錾镌刻出来的，字口锋利尖锐，带有金石的生硬味道，如果仔细观察，在笔画中有时可见不规范的痕迹，这就是镌刻匠人铁笔的刻划。现代的新铜墨盒，包括不做旧的新品，盒盖上的图案、纹饰一般都是腐蚀工艺的结果，现在又出现了激光雕刻。由于腐蚀工艺是用在纸上设计好的样子制版腐蚀，所以图案曲线婉转流畅，没有钢錾錾刻的金石味道，同时字口圆滑。至于激光雕刻，最容易辨别的就是宽线条图案的砂地（凹陷处）极其平整，没有不平的变化，这是激光与操作面始终保持一个平面所致，而高水平的人工镌刻只能把砂地处理得相对平整，与激光处理的结果相距很远。有人说，造假者如果也使用人工镌刻，怎么区别呢？其实这种情况几乎不可能出现，这里有人力成本在制约，如果真是这样，由于手工成本高昂，这件赝品的成本价格就会迅速蹿升，不会形成所期望的利润空间。

3.盒壁与清代、民国相比，明显偏薄，这不是工艺水平的差异，而是材料投入的成本问题，造假者一定要将对利润的期许放在首位，一个铜墨盒的主要成本来自于用铜量的大小，在销售价位没有更大的拉升的前提下，成本的制约往往决定了墨盒壁的厚度，不可能与清代、民国相接近。

从这三个方面来观察一件铜墨盒，就不难考辨出制作的时代。

怎样欣赏铜墨盒的书画？

对于一个真正的收藏鉴赏者来说，发现、审视、吸吮与享受隐藏在各个角落中的审美因子，是他的天职，因为作为一名收藏家必须要具有一般人所难以具备的洞察力，这是发现藏品的隐性价值、人弃我取的基本条件。尤其对于一名文房用品的收藏者来说，这一点更是必不可少的素质之一。如果用这种近乎职业的本能来观察铜墨盒，你就会发现这里面蕴藏着很大的书画艺术精华，如果你正好喜欢书画的学习创作，那么浸淫其中数年，你的表现格调肯定与众不同。我们分别从书与画这两个方面来谈：

先说书法。书法大的流派有两种，一是帖学，就是临写历代流传下来的墨迹或把墨迹刻到枣木板上，再拓成的字帖；二是碑学，就是临写历代的碑刻墓志。这两大流派的风格完全不同，帖学流畅婉转，近乎于正常的书写习惯；碑学讲究要写出凿刻般的金石味。启功先生就有过"半生师笔不师刀"的诗句，说明了先生的帖学主张。由此看来，书写文字与凿刻文字是影响书法风格形成的基础。铜墨盒上的书法作品，实际上正是处在"师笔"与"师刀"之间的一个缓冲地带，完全具有综合上述两种流派的截然对峙的实力，这就是我上面所讲的，浸淫其中数年，格调必能与众不同的关键所在。在铜上錾字，其转折处必然具有一种工艺上的停顿，这就必然导致了行笔上的不流畅，也就克服了临习墨迹与帖时容易出现的圆滑与甜俗；同时，由于是以墨迹作为錾刻书丹，所以又不像汉碑、魏碑那样一意追求剔凿风骨，脱离了原来书写的笔意。这种书法上的优势是显而易见的，认真研究与品赏铜墨盒上的书法，是独立于帖学、碑学之外的第三种情趣。

清 铜墨盒上的行楷书　　　清 铜墨盒上的章草书

民国以来的铜墨盒，由于多是在当时的南纸局（专门经销宣纸毛笔的文具商店）经销，便与众多的书画家发生了千丝万缕的联系：南纸局为书画家提供了交易平台，请他们随便或写或画几张铜墨盒面的设计样稿，那是信手拈来的小事。所以民国时期的铜墨盒留有不少书画名家的作品，有些人不愿意落款，而也有姚华等人设计后刻上大名。不管是否有落款，大部分盒面上的书画都是出自文人笔下，这一点毋庸置疑。如果我们将上面的书法放大，就会使具有一定书法基础的收藏者感到其中的另一种品味，与常见的任何一种碑帖的味道完全迥异。

再说绘画。如果我们这里是在与有一定书画基础的读者对话，那么可能比较容易些。一幅国画最见功力的是什么？线条！因为线条最能反映执笔者控制毛笔的能力，是高难度低技巧的基本功。记得民国时期京津著名画家刘子久先生曾经说过，看一幅山水画，只需观察没有皴擦点染的树枝、树干，就能知道画家能力的高低。这是对一个国画家近乎苛刻的要求，但却是铜墨盒绘画的唯一的表现手段。在铜板上绘制图画，不可能借助线条以外的任何一种方法，这是铜制品的工艺性质所决定的，所以在小小的一块铜面上，线条与线条之间最重要的是要有变化，要能够体现力度，同时还要存在着相互之间的照应关系，这些复杂的线条表现理念是通过最为简单的几条线来传递展示的。因此，如果仔细体味铜墨盒上的线条，能有很多值得借鉴学习的东西，清代铜墨盒的绘画线条婉转流畅，在一气呵成的总体运笔动势

149

中，又蕴含着微小的涩笔变化，这是制作匠人生活在毛笔的使用世界里，对毛笔线条质量的复制与理解的程度；而新仿品的线条所缺少的正是这种细小但极其重要的变化，也是因为现代的仿制者生活在硬笔书法的环境下，缺少对毛笔运笔质量的熟悉与理解，这就是画面的线条上所表现出的断代特征。

　　下面这个铜墨盒是民国时期著名画家马晋先生专门设计绘画的，马晋先生是近代出身于郎世宁的鞍马大家，民国时期他的润格就很高，这里暂且不说带有写意味道的奔马如何精彩，只是观察錾刻刀法的变化，镌刻者通过忠实地重现画家的线条表现，将马的高光透视通过腹线与背线的对比准确地传达了出来。同时，腹、背、鬃、尾的线条极其灵活而富有弹性。客观地说，这匹马的欣赏品味不会逊于他的宣纸画创作，因为先生的国画作品总是罩在郎世宁的光影之下难以自拔，晚年画过一些小写意作品，水平一般。这匹马从各个方面审视，都堪称一幅很有味道的上佳作品。

民国 马晋刻铜墨盒局部

　　近现代有不少中国画家向中国画以外的绘画艺术"寻找生命维生素"，比如岩画、汉砖、造像等，甚至碑拓上的黑白转换都被视为绝佳的构成范例，而对民国以前铜墨盒的图案研究，则还是一个真空，还是重复那句话，浸淫其中，必有斩获。

民国 马晋刻铜墨盒

铜墨盒的制作名家与商标

　　铜墨盒的制作使用时间很短，从现在所能见到的传世品上看，清代的艺术水平与制作质量都是最好的，是收藏的精品，只是存世的数量很少，尤其是清代铜墨盒精品的交易价格比较高，保存完好的价格不会低于7,000元～10,000元,清代制作铜墨盒的高手根据传器所留下的名字归纳有：陈寅生、韩子固、陆子康、竹庵（名姓不详）等，其中以陈寅生制的墨盒最为名贵，后来有不少仿品出现。有许多人认为陈寅生、韩子固等名家墨盒的最主要的鉴定特征是纹饰，因此，在鉴别真伪的实际操作中，把注意力都集中在盒盖上。其实这是一个误区，如果你手中有一个陈寅生的真品，当你将子口周围的积墨擦拭干净，你在闭合与开启盒盖的过程中，会感觉到子口与盒盖的配合密而不紧，用力而不费力，手感很舒服，与一般铜墨盒的使用感觉有明显的不同。手感舒适度的体现才是名家名品最重要的制作特征，而盒盖上的錾凿纹饰肯定不会达到空前绝后的艺术高度，这是对于清代名家作品鉴定的另一种理解。

　　民国时期的铜墨盒制作以同古堂张樾丞、张寿臣兄弟二人的作品最为著名。张氏兄弟均擅长篆刻，能将篆刻刀法融入到錾刻铜墨盒的用刀之上，尤显得表现手段的高雅脱俗。张寿臣以刻铜技艺娴熟为世人所称道，除了铜墨盒外，还制作镇尺、仿圈等其他铜质文房用具。

　　铜墨盒在20世纪初是一种比较普及的文房用品，由当时的南纸局订制并经销，当时的北京琉璃厂有很多家制作销售，为了形成商品区别，稍后的铜墨盒多在盒底镌上制作坊、经销商的印记，比如"荣宝"、"天昌"、"同古堂"等，我存有一方民国铜墨盒，盒底镌有"京都庆祥自造云白铜墨盒发行不误"几个字，其中"京都"是指北

平（现在的北京）；"庆祥"是南纸局的名称；"云白铜"是说所用白铜出自云南，货源正宗。带有这种印记文字的墨盒一般都是民国时期的产品，是现在收藏中的很重要的辨识特征。

清 铜墨盒底制作坊"清秘"印记

清 铜墨盒底制作坊"德盛"印记

清 铜墨盒底"松鹤"印记

清 铜墨盒底广告印记

民国 铜墨盒底销售商"文宝"印记

民国 铜墨盒底销售商"荣宝"印记

铜墨盒的藏品价值走向判断及其保养

对铜墨盒价值走向是一个很难判断的问题。铜墨盒的收藏目前还没有被异动资金介入所形成的价格泡沫所污染，这是一件值得庆幸的事。收藏者可以相对轻松地在这个交易范围内从容寻找、选择必欲猎取的目标。但是随之而来的则是问题的另一面，收藏，作为一种社会行为的存在，不可能遗世而独立，没有价格竞争的刺激，就很难保证收藏者维持长时间的收藏激情。我们不能要求人人都去高规格地欣赏铜墨盒的艺术表现，更多的收藏者是在收藏、品赏的同时，做着小规模投资的储备，一旦出现较大的交易价格拉升，可能马上就会抛出。这种进、出的藏品易位，带给收藏者个人的是藏品层次上的不断提高，而对于整个收藏界来说，则是一种有规则的藏品良性大循环，由此带动了收藏界的活跃。纵观铜墨盒的存世时间短暂，在文房用品中的地位始终不能取代砚台而显卑微，同时制造工艺相对简单，这些条件都决定了铜墨盒在收藏品交易中形成焦点的可能性极其渺茫，有可能丧失大部分的原有收藏者。一旦收藏者资源的可能萎缩，将会导致铜墨盒收藏的后续乏人。从另一个角度上看，由于铜墨盒始终处于文房用具中的低端位置，能有目的的完整无缺保存下来的少之又少，因此，收藏品资源上的枯竭又在所难免。我感觉铜墨盒的收藏是夹在缝隙中求生存，不会出现一曝十寒的大起大落，能让一般收藏者在相对稳定的小环境中自得其乐。现在在北京、天津的几个大的古玩交易市场上，完整的民国时期的铜墨盒已经很少见到了，不少收藏者根本没有见过清代的制品。铜墨盒的收藏不仅体现鉴别欣赏的能力，同时也是收藏辨证、收藏定力与收藏耐力等综合实力的表现与凝固，尽管藏品价格没有过于猛烈的变化，但是相对于十年前的交易而言，价格还

是稳中有升，从这个角度看，清代、民国时期的铜墨盒仍然是一只做长线的潜力股。

讲到了铜墨盒的交易问题，这里顺便介绍一下关于铜墨盒的交易技巧：

1.上面已经讲过，清代的铜质呈银白色，与民国不同。所以白铜比红铜、黄铜的交易价格要高。

2.特殊造型的如桃形、双圆形、仿生形比方形、圆形的交易价格要高。

3.尺寸过大或过小的要比常规尺寸的交易价格高，譬如同是正方铜墨盒，边长超过12厘米的大方盒，或小于5厘米的这种超常规小方盒，收藏价格就高于普通规格的墨盒。

4.带有两镶、三镶工艺的价格要高于普通工艺的价格。所谓"两镶"、"三镶"，是指在盒体的制作上出现"铜镶铜"的工艺过程。譬如下面的这个民国时期的圆墨盒，盒盖的制作工艺就是"两镶"，黄铜镶白铜。这种工艺复杂，精度高，现在的工匠很少有人能制作出这样精细的铜活。

民国 两镶铜墨盒

5.在绝对真品的条件下，带有名人上款的，价格要高于无款的；但是如果上款不属于名人，其价格与无款基本相当。

关于铜墨盒的收藏保养，建议收藏者注意下面几点：

1.平时把玩或展示时，最好戴上薄手套，尽量避免手上的汗渍或

油污长时间地存留在铜质表面，在收藏装盒之前，要用软棉布擦拭干净。

2.绝对避免外力的撞击或强烈的震动，这些老墨盒的焊接处一旦受到外力开焊，将会影响到藏品的整体品相，同时，对收藏价值也会有较大的影响。

3.对铜表面的老锈一般不要清理，譬如下面的这块锈斑。新生的

铜墨盒底部的老锈斑

锈必须及时处理干净，主要的方法是擦拭，切忌用砂纸打磨，一旦砂纸破坏了原有的包浆，同样会产生品相的残缺。

铜墨盒底部被砂纸打磨的痕迹

清代铜墨盒的实物讲解：清光绪 韩子固刻山水人物铜墨盒

清光绪　韩子固刻铜墨盒

　　盒体白铜质，紫铜底，长方形，长14.7厘米，宽4.8厘米，厚3.3厘米。盒面题识："味闲居士清赏 光绪辛卯 韩子固刻"，盒底镌刻："清秘"印记。

　　韩子固是清代光绪年间刻铜高手，最擅长于铜墨盒上刻山水图案。这幅山水刻于光绪辛卯年（1891），画面远山近水，屋舍、树木、坡岸构图严密，江中横一小舟，钓叟闲坐船头。坡岸上一持杖老者漫步江边，似在欣赏江边景色。

　　铜墨盒所刻刀工流畅、细腻、洗练。山丘、坡岸都以披麻皴法刻出，表现了江南土山净水的秀美景色。墨盒题有"味闲居士清赏"数字，考"味闲居士"名凌惟一，字味闲，浙江宁波人，精篆刻，擅雕竹木。花卉宗法陈道复。这方墨盒体现了作者韩子固与当时雕刻同道的亲密关系，由于是赠与同行好友的使用文具，所以作者韩子固的制作无论是在画面的设计镌刻上，还是在材料的选择制作上，都明显地表现出了与众不同的质量品质，这是铜墨盒早期精品最重要的着眼点。这件铜墨盒的另一个特征就是盒盖与子口的配合适中，闭合严密，稍用力即可开启，传承了百年之久的这件铜墨盒，罕见的观感与手感依旧与众不同。

墨盒盖山水纹局部

墨盒底"清秘"印记

古代文房用具收藏入门不可不知的金律

清代铜墨盒的实物讲解：清光绪 双圆联珠白铜墨盒

清光绪 双圆联珠白铜墨盒

盒体白铜质，紫铜底，双圆联珠形，直径6.5厘米×2，通长11.5厘米。盒面题识："铜似士，墨磨心；坚其质，和其神；守此勿因循，乃可以陶写天真。" "戊申年月三仁兄赠"，盒底镌刻："荣宝"印记。

清光绪 双圆联珠白铜墨盒"荣宝"印记

一般铜墨盒因为制做工艺的制约，所以多做成方形和圆形，异形墨盒的制作比较复杂，不适合批量的生产，所以存世数量很少。这方双圆联珠白铜墨盒，就是属于这种异形品，是我收藏铜墨盒生涯中的仅见。盒面两圆形以周边单、双勾线为围圈，形成了左文右图的设计格局。这方铜墨盒盖上的文字书写并不精彩，镌刻图案的用刀也乏善可陈，但是值得欣赏的有两点：一是这种双圆联珠造型极其少见；二是盒壁的烤蓝工艺也属少见的珍品，这种工艺上的独特，掩盖了书法、镌刻上的品位不足，从另一个方面提升了作为藏品的收藏价值。

盒盖上的年款为"戊申年"。考戊申年即光绪34年（1908），是早期白铜墨盒的异形精品。

烤蓝局部

民国时期铜墨盒的实物讲解：
民国 姚茫父款篆印铜墨盒

民国 姚茫父刻款铜墨盒

盒体白铜质，紫铜底，方形，边长7.2厘米，厚2.4厘米。盒面文字："道德为师"、"书城"、"茹古含今"、"松月"、"茫父"。

姚华（1876～1930）字重光，号茫父。贵州贵筑人。是清末至民国期间的著名书画家。其子诗文词曲、碑版、古器及考据、音韵等，无不精通。书画长于山水花卉，篆隶真行亦有高深造诣。与陈师曾最善，京师所制铜墨盒面图画精者多出于其与师曾手笔。这方铜墨盒盒面设计为大小不等的四方印章形图案，设计率意轻松，在漫不经意中体现出设计者比较强烈的性格特征，那就是一反一般同类墨盒设计形式的雷同，凸出文人不羁传统的个性，看惯了循规蹈矩的设计之后，反觉得这类小品式的设计匠心独具，别有韵味。盒盖上的镌刻字口深峻，操刀者通过腕力复原出设计者的原始墨稿的书写风格。这种流行于民国时期的铜墨盒，是姚茫父最为经典的刻铜款式。由于没有授受者的上下款，所以属于一般的文房商品。姚茫父的这种形式的铜墨盒现在比较少见，收藏价值较高。

水呈的收藏价值

　　水呈就是放在案头的一个贮水小罐。在墨汁出现以前，文人书写前需要研墨，将适量的清水注到砚堂中，常见的有两种方法：一是用砚滴（一种专为研墨用的小壶）；二是用小铜勺从水呈中舀水，最常见的是使用水呈。

　　水呈又称"水丞"、"水盂"，与砚台、墨锭相比较，它的实用价值并不是很强，可是在文房的用具中，水呈的换置率最高，文人可以经常将不同的水呈放在案头使用，这是因为水呈在功能上，更偏重于创作前的聚神与把玩。书画创作前的理纸、研墨，其实是一个很重要的环节，有经验的书画大家都是在研墨时构思即将书画的章法，甚至是每一个微小的细节表现。这个时候，书画家所要凝神面对的东西有四件：墨、砚台、水呈与小铜勺。可以这样讲，没有水呈照样可

民国 胭脂釉水盂

以研墨，因为用水注、毛笔也可以将适当的水浇到砚堂上。之所以用小小的水呈贮水，用小小的铜勺舀水，这说明水呈的存在意义在于一种对文人书画兴致的助长与创作前心境的沉淀。在书案上，笔筒、笔

洗属于大件的用具，使用时间长，在没有损伤的情况下，一般不去更换；水呈则小巧精致，可以因兴趣、心情的不同而随时更换。因此，在文房用具中，水呈的数量明显多于其他器具。与砚台、笔筒、笔洗相比，水呈是一件小东西，从来都不值钱，随手买一个心仪的小水呈一般不会是什么大的开销，在一个文人的书房中，水呈可能是数量保存较多的用具之一。近百年来，随着中国的传统书写工具逐渐消失，最不受重视的文房用具首先是水呈。对砚台、墨锭的收藏由来已久；笔洗、笔筒划归到大件的瓷器中，康熙时期的青花笔筒交易价往往等同或高于一般同时期的立件官窑。而水呈的命运很惨，因为不值钱，很少有人注意收藏。譬如在溥仪兄弟曾经裹挟出宫的瓷器中，没有大件（大件不便携带），也很少见到水呈。在近百年文房用品的遽变中，品相完好的水呈并不多见，常见的多是带有磕碰硬伤的残器，这也是现在水呈能够在文房用品中价位鹊起的重要原因之一。现在，民国前的水呈存世量可能不会太多，而年份好，做工、绘工、品相具佳的更属少见，应该引起收藏者的关注。

水呈多为瓷质，个别的材质有玉、紫砂、寿山石、铜胎珐琅、竹根等，鉴定特征与方法与该门类相同，这里不作详细的介绍。

清 白玉福寿水盂

清康熙　豆青釉水呈

水呈中的"代用品"

文人书房中的水呈，其实就是一个小型的贮水容器，它可以随主人的兴致而用任何器具来充当，只要一件体型小巧而且具有一种比较特殊用意的小罐，譬如特殊的造型、特殊的材质，或者年份历史悠久的小容器，都可以代用为案头的水呈。代用水呈的收藏过程是一件很有意思的事，因为它所包括的内容很复杂，有些根本不为他人所知。在收藏这种类型的容器时，可以忽略（但是尽量别忽略）其中成为水呈的故事，但是重要的是权衡水呈的历史价值和收藏价值。可能有这样的情况，本来是一件普通的小罐，对于它的原使用者具有很重要的意义，而传衍到另一个人手中时，很可能又变成了一件普通的小罐。水呈代用品的收藏，一定要有一个非常明确的收藏点来体现它的存在价值，比如下面这只唐代小罐，腹径6.4厘米，高4.5厘米，生坑

唐 小罐

166

出土器。它的造型与容积都符合案头水呈的制式要求。如果出土在民国时期、清代或更早的时间，这个小罐可能就会成为一件很有意思的水呈。小罐造型很端庄，口沿圆滑平整，有大器的张力，由于入土的

时间很长，釉面有剥落的地方，但是胎质紧密细腻，具有很强的贮水功能。如果有百年的使用历史，而成为唐代的熟坑水呈，那么，会有很高的收藏价值。原因在于：第一，用唐代出土瓷器作文房水呈的还很少见，完全可以体现使用者欣赏品位的高雅；第二，唐代的瓷器多见碗、罐、盘等使用大器，如此小造型的袖珍器比较少见；第三，这件小罐的制作精细，上面的色条是与青花相似的釉上彩，比较罕见。这些，都是在品玩中逐渐悟出的感觉，与清代、民国时期专门制作的水呈所得到的意趣完全不同。这件民国时期的青花水呈制作比较精致，这两件水呈相比，唐代小罐的精绝之处在于"周虽旧邦，其命维新"，虽然古朴，但在造型的审美视点上绝不输于后者；而民国的水呈很漂亮，但造型、纹饰的把玩内涵都不稀罕。

再看下面的这只宋代的黑釉四系罐，是一件熟坑的传世品。腹径6厘米，高7.1厘米。原始用途不可知，根据有较深直的颈口分析，可能是宋代盛药的药瓶。我们知道，凡是带有"系"的罐，形制都很

宋 黑釉四系罐

古朴，可以追溯到史前红陶时代的陶罐，隋唐时期的系罐时有所见，宋代就很少见了。这件四系黑釉罐平肩、唇口、敛底，颈肩处有系相连，从造型上欣赏，应是在唐代釉罐的造型基础上稍加改良而成，仍具有高古瓷的质朴味道。这个系罐曾经摆在一位著名老画家的案头，有过充当水呈的经历。画家作画之余或构思创作时，多凝思于这个小小的四系水呈，有时甚至倒掉贮水，在手中盘磨把玩。这件水呈的收

藏价值在于藏品是一件少见的宋代四系黑釉罐，品相完好，而且真伪没有争议。在民国时期，有一种也属高桩的水呈，比如上面的那件矾红水呈，它的设计就是专门的案头文具，最明显的表现就是敛口而阔底，取安稳之势。将这两种水呈相对比，收藏意义上的品味就出来了，真正的水呈体现出了专用文具的特征，但没有代用品好玩。如果是一件清中期的水呈，其交易价值绝对高于宋代的四系罐，但是收藏品位却未必如此。可能每个人都有各自的收藏审美定势，作为一名真正的文房收藏者，一定不要轻易放弃对水呈代用品的搜集，因为这一项所包含的内容实在太丰富了，我始终主张这两项兼收并蓄，缺少了那种都是缺憾。

民国 矾红水呈

古代文房用具收藏入门不可不知的金律

168

真正的水呈

　　现在我仍然没有搞明白真正意义上的水呈是从什么时候出现的，我所见到最早的水呈是明早期的作品。水呈是文房中的小品，从商业的角度上看，制作的工序并不因此而简单，但是却缺少相应的商业价值。在收藏的实际操作中，对质量的要求必须把握一个相当的标准，在商品社会中，要想将一个水呈卖到一件大器的价格，必须具备材料、工艺、设计、制作等各方面的高端质量保证，与价格一般的普通商品水呈差距很大，这就是水呈中的精品。我们通过近年的拍卖交易可以见到，凡是能具有高端价位的水呈，都是瓷器中的极精制品，其精美程度甚至在精品官窑之上。

　　下面的这件清中期铜胎掐丝珐琅水呈，应该是清廷中物。首先看水呈的胎质铜色泛红，壁厚而重，这是很典型的清代康熙、乾隆时期的铜胎材料特征；第二看珐琅的颜色浓郁深沉，可见少量的砂眼；第

清中期 铜胎掐丝珐琅水呈

三看掐丝工艺，这件水呈的铜丝塑形焊接得婉转流畅，自然贴切，而且粗细均匀，具有鲜明的清代中期的装饰制作风格；最后再观察水呈

的塑形，自中部以下的弧线在不规则的敛势轨迹上，因表现出对称、饱满而优美，基本上不存在造型设计的任何瑕疵。这种等级水呈的收藏点很明确，虽然不具备代用水呈的那种品玩味道，但是，作为真正的水呈，无论从材质上，还是从年份上，更重要的是从"出身"上，都有其他民间收藏所望尘莫及的特点。

我认为，在水呈的实际收藏中，时代的早晚并不是第一要义，重要的是要找出这件水呈收藏的支撑点，或者说是入藏理由。因为水呈本身就具有物轻位微的特点，找不到显性或隐性的收藏点，必然会导致既缺少把玩的动因，也不会带来价值的提升。比如下面这件紫砂质的水呈，这是一件民国时期的传世品，通过底面"正根"的印款，可以知道这是民国时期著名紫砂艺人范正根的作品。范正根的作品传世很少见，这件紫砂水呈的包浆厚实均匀，刻划用刀风格剽悍，景物凝练概括，虽然作者不是写意画家，但是画面的呈现完全具有高妙的艺术境界。这件水呈的收藏点很明确：一是名家名器；二是画面的确具有很高的文人画水平；三是民国时期的传世紫砂本身就已经是很珍贵的藏品，而紫砂水呈又是极其少见的紫砂器。鉴于这三点，即使是器有残损，不具有更大的升值空间，但是作为对收藏者收藏素养的提升，是很有价值的。

"正根"印款　　　　　　　　　紫砂水呈（局部）

民国　紫砂水呈

古代文房用具收藏入门不可不知的金律

清康熙 釉里红折枝花卉水呈

清乾隆 胭脂红釉水呈

民国水呈的收藏标准

对于清代的水呈一般不要轻易放过，但是要坚持两个前提：一是断代准确无误；二是品相完整无损。因为清代的水呈，尤其是清中期制作比较精细的作品，在交易价格上具有很大的提升空间，这是毋庸讳言的事实。在一般的古玩交易场所中，见到更多的是民国时期的瓷质水呈，由于民国时期距离现在比较近，尽管现在的交易价格呈上升趋势，也仍然要有严格的甄选标准：

1.断代不能存在争议。近年来交易市场上的民国瓷器已经上升到了古代瓷器的市值水平，大量的新仿民国瓷器悄然而入。就当前的仿制手段而言，仿造民国瓷器很容易，而鉴定的技术重点往往多在明清而不在民国，所以买民国的东西反倒容易上当。我在京、津两地的古玩市场上，经常看到仿民国的水呈，多数仿制民国时期江西景德镇瓷业公司的图章款、书写款制品，以及私人的堂款制品，这两种瓷器现在的交易价格上升很快，被视为"民国官窑"，已经炙手可热，赝品极多。而仿制著名书画家的水呈对于收藏者来说，具有很大的欺骗力。因此，对于品相很好、具有名家上款的民国官窑，要保持足够的警惕性。

2.绘画、书法等艺术表现一定要精美。在民国瓷器中，有很多传

民国"居仁堂"真款　　民国"居仁堂"假款

民国 仿"居仁堂"款水呈

器的艺术表现极其平庸，甚至粗糙得不堪入目，精品很少，这就是民国瓷器的交易价格"上天入地"的根本所在。民国时期的瓷器不乏精品存在，比如郭葆昌"觯斋"款瓷器，制作极其精美，足可抵敌清代官窑。他为袁世凯制造的"居仁堂"款瓷器，更被推为民国第一的御窑瓷器。

上面的这件民国时期的仿"居仁堂"青花水呈是一件不错的藏品，但从底款上即可辨别不是真"居仁堂"。"居仁堂"瓷器的存世量太少，甚至比清代官窑还罕见。只要仿品画工精美、制作年代具有民国时期的特征，同时入藏的价格公允，还是可以收藏的。民国时期更多的是比较平庸的作品，比如下面这件民国粉彩水呈，虽然有"余庆丰造"的印款章，但是画面粗糙，缺少必要的艺术因素，是一件纯粹的商品瓷器，这种水平的水呈可以使用，但没有收藏的必要。

民国 粉彩水呈

3.没有任何品相瑕疵。民国时期的水呈的制作与保存，不像明清瓷器那样受到长期认真而妥善的保管，因为重视民国瓷器也仅有近20

年的历史，所以除了制作不工致以外，由于磕碰导致的毛边、裂璺，粉彩的严重磨伤、褪色等一系列保存方面的瑕疵，都会给进一步的收藏带来品质上的遗憾。比如这件民国时期的粉彩水呈，画工尚可，题材是民国时期典型的"桃鸣黄鹂"，造型也比较漂亮俏丽。只是口部

民国 粉彩水呈

出现了毛边，没有了收藏的价值。这种情况在古玩市场上很多，对于品相的要求必须严格，任何一点瑕疵都会直接构成对藏品价值的影响。

　　水呈始终处于文房用具中的附属位置，把玩、品赏的功能往往大于实用，所以在收藏的实际操作中，最重要的不是真伪的判定，而是收藏点的清晰程度，无论是历史文物的价值、人文的怀古价值、古董品的投资价值，或者是纯粹的工艺收藏价值，都要有一个明确的价值指向，比如上面所举的那件民国紫砂水呈，虽然已经残损，但是仍不失为一件难得的藏品；而有些民国的一般普通水呈，即使完整无损，其收藏价值也不能超过这件紫砂水呈，这就是价值取向的指导作用。如果这一点不能明确，那么，普通水呈的真伪辨析就没有实际的意义。

笔洗有两种

从古器物学上讲，"洗"是一种接水的容器，与商周青铜器中的"盘"的作用相仿佛。古代的盥洗形式是：侍者用"匜"与"盉"浇水，相当于现在的水龙头；下面用"盘"接水，相当于现在的水池。这个"盘"的形状有稍深的墙，可以较多地贮存"匜"与"盉"浇下来的水。在汉代以前，使用铜镜是一件很奢侈的事，由于铜镜也是青铜质地，反射效果极差，所以就用一种青铜质的容器盛清水，作为镜子使用，这种容器称为"鉴"。"盘"与"鉴"在造型上的共同特点就是圆而浅（相对于其他容器如鼎而言），有一定的贮水容量而不多，如果延伸它的功用，放到案头也可以洗涮毛笔、砚台。如果从造型的对比上分析，"盘"大概在宋代，就开始作为文房专用的笔洗了。

在古玩界称为"洗"的至少有三种：

1.古代盛水盥洗所使用的折沿盆。北京瀚海拍卖公司在2003年以1,100,000元的落锤价，拍出一件清乾隆时期的鳝鱼青釉三足板沿洗，洗的下面有硬木洗架，其折宽沿样式直接影响到了后世，民国时期的铜盆与这种折沿洗极其相似，虽然这件瓷器是作为一种微缩的实用器出现，但是通过对造型与木架的观察可知，至少"洗"在清中期就具有商周时期盆的盥洗作用。

清雍正 仿官窑笔洗

清乾隆 粉彩折沿洗

2.文房中专门用来涮洗毛笔、砚台的盛水容器。这是真正文房用具中的"洗"，真正将造型固定为荸荠扁形应该是在清代以后，但是在清代，也有造型不同的笔洗出现。所以，文房用具中的"洗"的造型描述好像没有比较具象的定义词。

清 青花笔洗

清 乾隆青玉笔洗

3.另有一种区别于一般笔洗的"洗"，俗称"糖锣洗"，因其形状与20世纪50年代以前走街小贩敲的糖锣相似而得俗名。虽然称"洗"，但形状为浅沿、墙足，与现在概念上的"盘"差不多，郭葆昌先生曾经捐献给北京故宫博物院的一件宋代哥窑盘，样式与糖锣洗基本相似，这种洗如果属于文房用具，那么其作用应是调和水墨或颜色的一种调色盘。

宋 钧窑糖锣洗

清雍正 酱釉笔洗

通过上面讲的可以总结出作为文房用具的"洗"，至少有两种形式：一种是贮水涮洗笔砚的容器；另一种是调色用的盘子。

清中期 白玉欢天喜地笔洗

清乾隆 鳝鱼黄釉笔洗

怎么样区别笔洗与一般的容器

　　一件宋代的瓷器，如果能够命名为"笔洗"，归入了文房序列，它的自身价值就会发生不同寻常的变化。譬如中国嘉德1997年10月拍出一件"北宋钧窑玫瑰紫釉菱口水仙盆"，同样造型的一件东西（真假这里不论）有的拍家又称为"北宋钧窑玫瑰紫釉菱口洗"，文房的笔洗总比水仙盆的品位高，可以很轻易地提升交易价值。既然笔洗比一般容器的价位高，在收藏时应注意掌握一些笔洗与非笔洗的区别技巧。说来也很简单，文房用具的传承有一个特点，那就是使用的连续性，一件文具除非具有了极其特殊的意义外（譬如一支普通的毛笔，一位伟人曾经使用过，因此成为珍贵的纪念品），一般都会长时间地连续使用。笔洗是用来涮洗毛笔砚台的盛水容器，如果长时间地使用，在内堂一定会留有深浅不同的墨渍，使用的时间越长，墨渍越明显。只要能断定墨渍不是新做的，那这件瓷器一定是件老笔洗。

清中期 笔洗内膛墨渍

　　判断一件旧容器是不是笔洗，渗入胎骨的陈旧墨渍是唯一可靠的依据，从这一辨识起点上审视旧笔洗，就可以剔除一批命名不准确的古代混淆器。有些笔洗的年份高，比如是真正的宋代钧窑笔洗，后

代束之高阁，尘封的年代久远，内腔的墨渍可能会逐渐淡化，鉴定特征不明显，但是不会由于时间长而自然清除干净，即使腔内的釉质很好，墨渍也会沿着细小的开片渗入进去，决不会无影无踪，这是一般的规律。

　　我藏有一件清中期的青花豆，豆本来是一种庙堂祭器，清代以后也有人用为香炉。我看这件豆其实就是一件笔洗，原因有二：一是其造型尺寸高16厘米，正适合放在几案上涮洗笔之用；二是豆的内腔有很自然的陈旧墨渍，已经浸入胎骨之内。因此我将这个豆形器划归到笔洗的范围之中，是合理的。

清中期　青花豆形洗